KB234831

격자시공: 편않, 4년의 기록

일러두기

이 책의 판형은 125×188mm이다.

표지와 내지의 재질은 각각 크러쉬 250g, 그린라이트 80g이며,

서체는 주로 본명조 Regular가 쓰였다.

이 밖에 Sandoll 그레타산스 Light, **Medium**, **Bold**, Sandoll 로터리,

본명조 Bold, Garamond 등도 적재적소에 쓰였다.

이 책의 표지는 별색(PANTONE 805 U) 2도, 내지는 먹 1도 무선 제본이며,

오프셋 인쇄방식으로 제작되었다.

격자시공: 편않, 4년의 기록

2021년 10월 1일 초판 1쇄 발행

지은이: 출판공동체 편않

기획편집: 김윤우, 지다율

표지 및 내지 디자인: 기경란

발행처: 출판공동체 편않

발행인: 정지윤

등록일: 2021년 3월 24일

홈페이지: editorsdontedit.com

이메일: editors.dont.edit@gmail.com

인쇄: 제일프린팅

ISBN 979-11-975428-1-7 (03070)

격자시공:
편않, 4년의 기록

출판공동체 편않
인터뷰집

미끄러지다 또 마주치기를

말이 잘 안 통할 때가 있다. 어떻게든 생각을 정리하여 말했는데, 상대방은 도통 영문을 모르겠다는 반응. 답답하다. 그건 저쪽도 마찬가지겠지. 자신이 방금 뭘 들은 건지, 대체 지금 무슨 일이 벌어지고 있는 건지, 이해할 수 없겠지. 각자가 서로에게 가 닿을 수 있도록 최선을 다하지만 끝내 다다를 수 없는 기분. 마치 비탈진 빙판길에 서 있는 것처럼. 이런 경우는 생각보다 드물지 않고, 어쩌면 매번 일어나는 일이다. 대화 끝, 긴 침묵.

완벽한 소통의 원천적 불가능성을 잘 알고 있음에도, 인터뷰는 계속하고 싶었다. 대화를 계속하다 보면 이따금 딱 들어맞는 순간이 있는데, 그 순간을 공유하고 싶었다. 그 자리에 그 시간에, 누군가 고정해 놓은 듯한 느낌. 그 느낌을 많은 사람들과 공유하고 싶었다. 많은 말들이 오가는 와중, 무수히 시도되었고 무수히 실패했을 의미의 전달과 감정의 분유, 그럼에도 우리가 분명 나누어 가졌을 공간과 시간 들. 그 가늘고 귀한 선들이 얽히고설켜 불규칙한 격자가 되었다. 우리는 항상 그 격자 어드메에 있다.

그리고 우리는 또 출발점에 서 있기도 하다. 지난 3월 출판공동체 편않은 출판사 신고와 사업자 등록을 마쳤다. 사업으로서의 출판과 출판사로서의 편않에 동시에 도전해 보려는 것이다. 기존 정체성과 활동을 전부 버리는 것이야 물론 아니지만, 하지 않았던 일들을 시작하려면 분명 감수해야 할 변화도 있는 법. 가령, 4년간 무가지만 만들어 왔던 우리가 이제는 책에 가격을 붙여 팔아야 한다든지, 4년간 반년간지만 만들어 왔던 우리가 이제는 단행본을 끊임없이 기획하고 만들어야 한다든지 등등.

이제는, 우리가 이제는, 하지만 그래도 지켜야 할 것들과 지키고 싶은 것들을 지킬 수 있으면 좋겠다. 초심은 당연히 변하는 것이라지만 그래도 변하지 않는 것이 있으면 좋겠고, 서 있는 곳이 다르면 보이는 것이 다르다지만 그래도 다르지 않은 것이 있으면 좋겠다. 그러한 마음을 담아 이 책을 우리의 첫 단행본으로서 기획하고 만들었다. 결국 또 미끄러질 걸 알면서도.

친구들을 대신하여,
지다율 씀

우리들은 무엇을 만들려고 하는가

때는 2017년, 2014년에 개정된 도서정가제를 현행대로 유지하기로 결정된 세계. 수많은 잡지들이 폐간되고 「악스트」, 「미스테리아」, 「릿터」, 「문학3」 등 이상하고 아름다운 잡지들이 새로이 창간·발행되던 세계. 『채식주의자』와 『언어의 온도』와 『82년생 김지영』과 『미움받을 용기』와 '아무튼' 시리즈가 큰 사랑을 받던 세계. 북에디터의 구인/구직 게시판에서 신입 편집자를 찾는 출판사를 찾기가 어렵던 세계. 그 광경을 보고서도 출판계에 투신하고자 하는 사람들이 살던 세계. 그리고 '#문단내성폭력'의 목소리가 터져 나오던 세계.

이것이 출판공동체 '편집자는 편집을 하지 않는다'(이하 편않)가 탄생하던 대략적인 세계였다. 비관적이라면 비관적이었던 세계였다. 우리는 "기존 출판의 권위적·퇴행적 관행을 타파하고 새로운 장을 여는 커뮤니티"로서 '함께하고, 직접 하고, 변한다'는 낙관적인 태도로 편않을, 그리고 공동체명과 같은 이름의 반년간지 「편않」을 시작했다.

「편않」의 인터뷰 코너인 "격자로운 시공간"에서 만난 이들은 출판이라는 견고한 세계를 두드려서 확장하고자 했던 사람들이다. '독립'출판이란 무엇인지, '책'이란 무엇인지, '출판노동'이란 무엇인지, '문예지'란 무엇인지, '발행'이란 무엇인지 질문을 던졌던 사람들을 만나고 이야기를 나누고 그 이야기들을 활자로 담았다.

우리는 편않과 「편않」을 지속하면서 우리와 교차했던 모든 이들이 그 교차점에서 또 선으로 나아가기를, 그리고 면으로, 체(體)로 확장되기를 바랐다. 단행본 『격자시공: 편않, 4년의 기록』은 그 과정을 살짝 떠들어 본 결과이다. 「편않」에서 큰따옴표로 묶여 있는 인터뷰 코너를 가볍게 풀었다가 겹낫표로 다시 묶은 것이다.

겹낫표로 묶였다가 다시 풀어질 우리들이 어떻게 될지, 어디로 갈지는 명확히 알 수 없다. 아직은 알 수 없다. 다만 "기존 출판의 권위적·퇴행적 관행을 타파하고 새로운 장을 여는 커뮤니티", '함께하고, 직접 하고, 변하는' 공동체와의 싱크로를 목표로 나아갈 뿐이다. 우리들의 '오리지널'은 이곳 이외에는 없으니까…….

친구들을 대신하여,
김윤우 씀

인터뷰이 소개

쪽프레스

서울을 기반으로 활동하는 레이블. 출판을 바탕으로, 우리의 오랜 관심사, 바라는 문화, 살고 싶은 방식을 표현합니다.

김미래

쪽프레스의 편집장으로, 기획편집, 인터뷰 등 콘텐츠를 만들며, 글쓰기를 가르칩니다. 요즘 읽는 책은 헤라르트 윙어르의 『당신이 읽는 동안』.

김태웅

쪽프레스의 기획자 겸 경영자입니다. 최근 읽은 책은 필 나이트의 자서전 『슈독』.

ㅎㅈㅁㅈ

출판사에서 일한 시간을 다 합치면 30년이 되는 익명의 편집자 3인으로 구성된 비정형 출판 소모임.

성기병

8년 차 편집자. 큰돈을 벌겠다는 야망으로 가득 차 있으며, 일본의 천재 편집자가 쓴 『미치지 않고서야』를 읽으며 그 야망에 기름을 붓고 있다.

<u>구구즈</u>

10년째 여러 출판사를 전전하며 단행본을 만드는 기획편집자. 지금은 『밀리언의 법칙』을 읽으며 베스트셀러 편집자를 꿈꾸고 있다.

<u>김유리</u>

잡지사 에디터, 단행본 편집자, UX 라이터, 콘텐츠 마케터 등 관심 가는 대로 일해 왔다. 지금은 「혼자놀기 대백과사전」 뉴스레터 발행 노동자. 며칠 전 정세랑 작가의 『목소리를 드릴게요』를 읽었다.

소규모 출판사 밤의출항

등단 여부와 상관없이 누구나 투고할 수 있는 키친테이블라이팅 계간문예지 「영향력」을 2016년 창간, 2020년 13호를 끝으로 완간했다. 캄캄한 밤에 홀로 배를 띄우는 심정으로 계속 쓰는 작가들의 책을 출판하고 있다.

<u>은미향</u>

「영향력」 작가와 편집자, 빌행인으로 참여했다. 소설집 『울 땐 엎드려 울어』를 출긴했고, 『밴 의식: 북아메리카 푸에블로 인디언 구역의 이미지들』을 비롯해 열 권에 가까운 책을 동시에 읽고 있다.

<u>김정애</u>

「영향력」 작가와 편집자, 발행인으로 참여했다. 글로 함께한 사진 단상집 『작별의 옆모습』 출간을 앞두고 있으며, 읽고 있는 책은 『우리 종족의 특별한 잔인함』.

책 만드는 조무래기

하다와 가영의 주도로 결성된 출판계 취준생들의 모임. 출판 편집자 및 잡지 에디터 취준생 4인과 출판 마케터 1인으로 구성되었다.

<u>하다</u>

취업이 안 돼서 사회에 대한 분노가 있던 편집자 지망생. 문학 편집자로 일하다 잠시 자아를 찾아 떠나 있다. 『경양식집에서』를 읽고 있다.

<u>가영</u>

어린이 전문 출판사에서 편집자로 일하고 있다. 눈물버튼 오조오억 개를 단 채, 아이들에게 필요한 책을 만들기 위해 고군분투하고 있다. 코르네이 추콥스키의 『두 살에서 다섯 살까지』를 읽고 있다.

<u>지민</u>

출판사에서 편집자로 일하고 있다. 지식을 가장 효과적으로 가공하는 방안을 고민하고 있으며 특히 인류학에 관심이 많다. 막 악셀 호네트의 『인정투쟁』을 읽기 시작했다.

<u>예슬</u>

출판 마케팅이 뭔지는 모르겠는데 출판 마케터로 일하고 있다. 『젊은 ADHD의 슬픔』을 읽고 있다.

<u>서울</u>

대학원에서 도시공학을 공부하고 있다. 연구와 별개로 지역잡지를 만들기 위해 두 명의 연구생들과 기획 중이다. 콜린 엘러드의 『공간이 사람을 움직인다』를 읽기 시작했다.

고기자

하루를 정신없이 보내다 보니 어느덧 입사 3년 차를 맞은 '주니어' 기자다. 한 번도 배워 본 적은 없지만 좋아하는 마음으로 글을 쓰고 때때로 그림을 그린다. 술에 취했을 때도 엄청난 글을 쓰고 고민하던 존 치버를 좋아해서 『존 치버의 일기』를 읽고 있다.

비릿 be:lit

문학잡지 「비릿」은 한국 문학과 사회에 고착화된 이상한 경계들을 허물고 싶습니다. 우리는 문학장 안에서 그간 주목받지 못했음에도 자신의 자리에서 유의미한 작품 활동을 이어 온 작가를 주제작가로 선정합니다. 나아가 그를 중심으로 다른 여러 작가가 공동 작업한 컴필레이션 앨범 형태의 문학잡지를 꿈꿉니다.

곽연주

문학잡지 「비릿」의 에디터. 스트리트 출신 반려견 탄이와 5년째 동거 중이다. 현재는 얼렁뚱땅 식물도감을 만들어 보는 것이 목표. 제임스 테이트의 『흰 당나귀들의 도시로 돌아가다』를 읽고 있다.

김니영

문학잡지 「비릿」의 에디터. 부산 사람. 영화 비평과 연출을 드문드문 하고 있다. 윤경희의 『분더카머』를 읽고 있다.

신아영

문학잡지 「비릿」의 에디터. 듣고 기록하는 일을 한다. 유은실의 『순례주택』을 읽고 있다.

조현준

문학잡지 「비릿」의 에디터. 오픈월드 RPG로 집구석 대리여행을

즐기며 게임 속 서적을 모으고 있다. 가장 최근에 읽은 건
『신소절극록』 제6권.

한의연

문학잡지 「비릿」의 에디터. 고양이 여름이와 하루의 동거인. 가능한
한 아무것도 아닐 수 있는 삶을 지향하고 있다. 백은선의 『도움받는
기분』을 읽는 중이다.

문학예술단체 공통점

'공통점'은 문학을 통해 '같은 통점(痛點)이 된다'는 뜻으로, 타인의
삶과 고통에 대한 공감을 차단하지 않고 문학이라는 매개를 통해
연대하겠다는 마음으로 활동하고 있다.

김나연

공통점에서 편집과 기획에 참여했다. 일상을 살아가기 위해 노력
중이다. 요즘 읽고 있는 책은 줄리 그레고리의 『병든 아이』.

김병관

공통점에서 동료들과 기획을 주로 같이 고민하였다. 현재는 활동을
쉬고 있으며, 사람과 현대사회에 대한 연구를 준비 중이다. 『하버드
C.H. 베크·세계사』를 천천히 읽고 있다.

김원경

공통점에서 활동하며 기획 및 창작에 참여하였다. 현대 시를
공부하며 졸업을 준비하고 있는 대학원생이다. 강우성의 『불안은
우리를 삶으로 이끈다』를 틈틈이 읽는 중이다.

김현진

공통점에서 시 창작과 디자인을 맡고 있다. 디자인을 한다고

말하는 것은 앞으로의 포부이기도 하다. 하재연의 『우주적인 안녕』을 다시 읽는 중이다.

신헤아림

공통점에서 긍정과 응원을 담당하고 있다. 올해는 생활 없이 하루 종일 바쁘게 일을 하고 있다. 몇 개월째 시집 『피어라 돼지』를 읽진 못하고 만지작거리기만 하고 있다.

이기현

공통점에서 술을 제일 좋아한다. 주로 시를 쓴다. 최근에는 책보다는 아기 고양이를 키우느라 책을 곁에 두지 못한다. 너무 슬프다.

이서영

공통점에서 활동하며 시와 미술비평을 쓴다. 장르적 구분, 코드에 감금되지 않는 글쓰기를 지향한다. 최근에 읽은 책은 시문학파 박용철 시인의 시선집.

조온윤

공통점에서 기획을 맡고 있다. 시 쓰기와 직장생활을 병행하며 바쁘게 살고 있다. 나쓰메 소세키의 『풀베개』를 읽고 있다.

마테리알

스루패스로서의 비평을 지향하는 영상비평플랫폼이다. 다양한 동시대 무빙이미지에 대해 다루고자 한다.

다함께 박차차

영상콘텐츠 프로듀서로 일히고 있다. 『스토리 창작자를 위한 빌런 작법서』를 몇 달째 책장에만 모셔 두고서 스스로 미루기 빌런이 되어 가고 있다.

정경담

마테리알의 발행과 편집을 맡고 있으며, 매 권마다 두세 편씩의
글을 썼다. 영상물을 기획개발하는 작가로도 일한다. 최근
『수용소』와 『세인트☆영멘』을 열심히 읽고 있다.

함연선

마테리알의 공동 편집인이자 발행인이다. 『말모이, 다시 쓰는
우리말 사전』을 선물 받아 틈틈이 읽고 있다.

출판공동체 편않

기존 출판의 권위적·퇴행적 관행에 의문을 갖고, 새로운 장을 열기 위해
모였다. 산적한 문제들을 더 이상 외면하지 않고 누구나 함께 고민하는
장을 마련하려는 것이 우리의 목표이다.

김윤우

출판공동체 편않에서 기획 및 편집 등을 맡고 있다. 크지도 작지도
않은 출판사에서 편집자로 일한다. 토드 메이의 『품위 있는 삶을
위한 철학』을 몇 달에 걸쳐 읽고 있다.

정윤

출판공동체 편않에서 기획 및 편집을 맡고 있다. 글도 쓰고
일자리도 찾는 중이다. 마지막으로 읽은 책은 헉슬리의 『멋진
신세계』, 다음으로 읽을 책은 원도의 『경찰관 속으로』이다.

정지민

번역을 하고 멀미와 배앓이에 취약하다. 『카라마조프가 형제』와
『부두교: 왜곡된 아프리카의 정신』, 그 외 몇 권의 책을 야금야금

읽고 있다.

지다율

출판공동체 편않에서 기획 및 편집 등을 맡고 있다. 오도카니에서 저널리즘과 문화 관련 강의도 기획 및 운영하고 있다. 다시 『자본』을 읽으려고 시도 중이다.

기경란

출판공동체 편않에서 기획 및 디자인을 맡고 있다. 그리고 또 어딘가에서 북디자인을 하고 있다. 레프 니콜라예비치 톨스토이의 『고백』을 읽고 있다.

차례

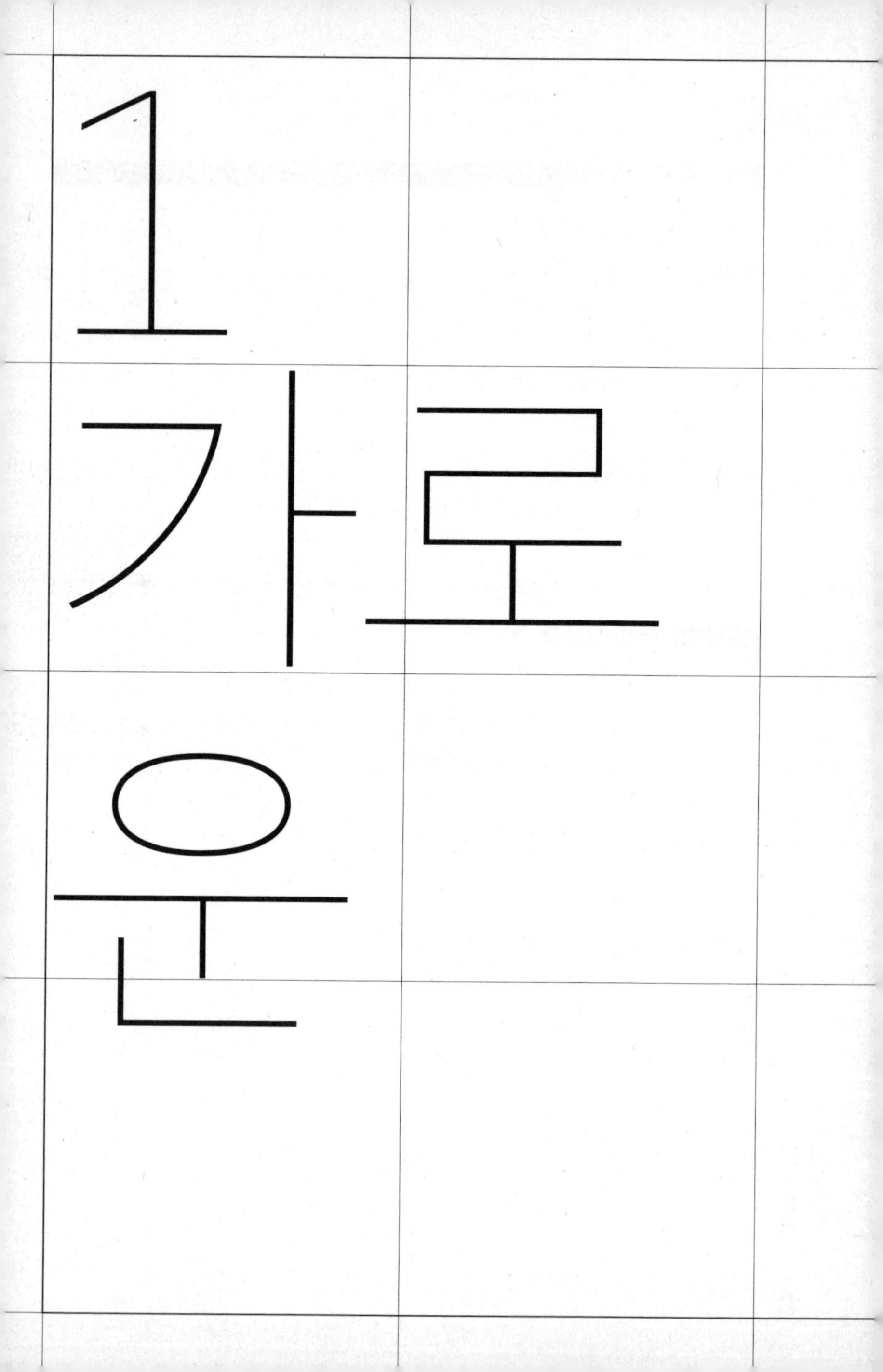

공간

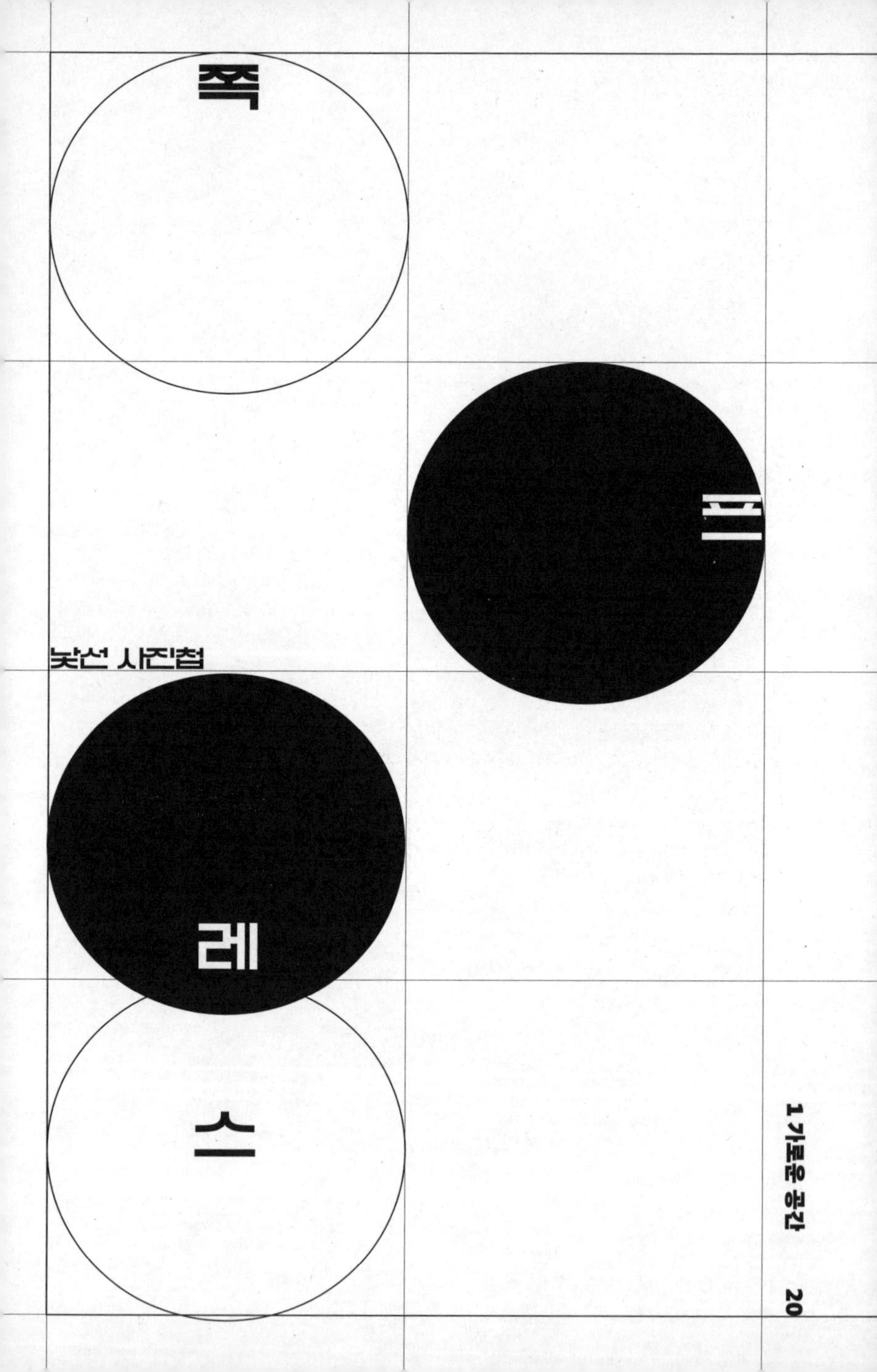

쪽
피
낯선 사진첩
레
스

해가 여러 번 바뀌고 나서, 되돌아보는 인터뷰는 옛 사진첩 같습니다. 저 혼자 노스탤지어에 취하기도 하지만, 어쩐지 공중에 선보이기는 부끄럽달까요. 낯선 기분으로 지난 인터뷰에 코멘터리를 달아 보았습니다. 이전의 스피커가 지금의 리스너가 된 셈이니 생경한 기분이지만, 즐기기로 했습니다.

세로운 시간	2018년 3월 3일, 6월 22일, 9월 22일
가로운 공간	시시때때 특별활동 행사장, gaga77page, 쪽프레스 작업실
교차한 우리들	쪽프레스의 김미래 편집장과 김민해 디자이너, 편않의 김윤우와 지다율, 그리고 쪽프레스의 친구 김지선 님

그는 부스럭거리며 비닐봉지에서 맥주를 꺼냈다. '아직도 나와?' 싶을 정도의 캔맥주 여럿과 병맥주 몇 병을 한 줄로 세우고는 물었다. 맥주 드실래요? 커피도 있어요. 1980년대 일본 여성 아이돌의 노래인 듯한 음악을 틀고는 인터뷰 후 파티가 있다고 자연스럽게 말했다. 아, 혹시 언제부터요? 두 시요. 식사는 하셨나요? 이따가 파티할 거라서 괜찮습니다. 저희…도 괜찮아요…. 우리는 커피를 한 잔씩 받고 큰 테이블에 마주 앉았다.

지다율(율) 반갑습니다. 어떤 인터뷰를 보니 처음에는 다섯 분이 같이하셨던 거 같은데 지금은 어떤가요?

김미래(래) 지금도 기본적으로는 다섯이지만, 프로젝트마다 손이 비는 친구가 좀 더 책임을 집니다. 그러니까 최소 인원이 계속 바뀌는 식이에요. 어쩔 때는 편집자1이 디자이너1이랑, 또 어쩔 때는 편집자2가

2018년 쪽프레스는 '고트'라는 새로운 브랜드를 론칭하게 되었습니다. 그러면서 낱장책이 아니라, 꽤 두꺼운 단행본들을 펴내기 시작했죠. 가벼운 손들이 모였다 흩어지는, 유닛 같은 팀 빌딩은 그래서 조금 비현실적으로 느껴졌습니다. 직장이 있는 친구들은 직장에 충실하기로 했고, 직장보다 이 새로 생긴 일터에 노력을 쏟아붓고 싶은 두 명은 프리랜서라는 불충분한 이름을 안고, 고트를 형성하는 데 사력을 다하게 되었습니다.

디자이너2랑 작업하죠. 행사 같은 물리적인 일은 웬만하면 같이 모여요. 사실상 처음부터 회사 형태가 아니었고, 자발적인 모임이어서 가입-탈퇴라기보다는 그때그때 상황에 따라 조직되고 흩어져 있다가 큰일 있으면 모여요.

율　　그래도 편집장이라는 직함으로, 미래 님이 어쨌든 통솔하고 총괄하는 거죠?

래　　그렇다고 볼 수 있는데 리더십은 없어서…. (일동 웃음) 그냥 모든 교집합에 제가 껴 있는 정도지, 제가 뭐 통솔하거나 지휘한다고 보기는 어려워요. 오히려 그냥 테트리스처럼 떨어지는 일에 제가 맨 아래 단계에 있는, 모든 실무에 제가 엮여 있는 상태죠.

율　　미래 님 빼고 모두 출판사에 계신가요?

래　　현재 출판사에 다니는 분은 한 명밖에 없어요. 프리랜서이거나, 다른 분야에서 일하거나 합니다.

율　　처음에는 같은 출판사에서 만났다고요?

래　　제가 출판사를 몇 곳 다녔는데, 그때마다 만났던 동료나 친구인 사람들이 모였어요. 같은 회사에서 다 모인 건 아니고요.

율　　그동안 거치셨던 출판사들은 어땠어요? 출판사 처우가 굉장히 안 좋기로 유명한데, 그 와중에 편차도 있잖아요.

래　　솔직히 제가 다녔던 출판사들 처우가 안 좋은 편은 아니었어요. 예를 들면 포괄수당이 아니라 야근이나 특근수당이 따로 있거나, 대체휴가가 발생하는 회사도 있었고, 복지나 문화생활에 할당된 상여금 같은 게 따로 주어지는 회사도 있었어요. 전반적으로 타 업계에 비해서 연봉이 낮다거나, 복지의 포괄 정도가 대기업과 비교했을 때 열위에 있을 순 있는데요. 그래도 회사 다니면서 많이 개선되는 부분도 있었고요.

율　　네, 근데⋯. 음악소리 좀만 낮춰 주시면⋯.

래　　아예 끌게요.

김윤우(우)　　편앟 이야기를 조금 하자면, 편앟은 같은 회사 다니는 사람들끼리 열악한 처우와 노동환경을 욕하다가 모였거든요. 대부분 그렇겠죠? 이것도 짜증나고 저것도 짜증나고, 이런 얘기를 하면서 자주 만나다가, 우리가 뭔가 다른 걸 해 보자고 시작했는데요. 쪽프레스는 그런 느낌이라기보다는⋯.

래　　그 반대예요.

우　　재밌는 거(ㄹ 하기 위해서요)?

래　　뭔가 불편한 걸 인식하고 타개하려고 만든 모임이라기보다는, 기술을 익혔으니까 이 기술로 할 수 있는 흥미로운 활동을 찾았던 거죠. 어느 순간 그냥 책이라는 게 이전과 달리 보였어요. 보통 책을 되게 성스럽게 여기는 부분이 있잖아요. 책에 낙서하는 걸 이상하게 보는 사람도 있고요. 그런데 사실 이건 종이랑 잉크의 결합일 뿐인데, 깨트리면 깨트릴수록 더 재밌는 매체가 탄생할 수 있을 거란 기대가 있었어요. 본드나 실로 엮는 형태가 아니고, 그냥 낱장으로도 완결성이 있으면 책이 될 수도 있고요. 우리가 책을 조금 다르게 정의해 본 거예요. 그 아이디어가 먼저 찾아와서 '아, 그럼 이거에 맞는 우리 그룹 이름을 정하고, 이 취지에 맞는 책도 고안해 내자'고 나중에 살을 붙이기 시작한 거예요. 그렇게 엄청 가벼운, 책 같지 않아 보이는 형태의 책이 탄생했습니다. 소재도 '출판계의 노동 현실' 같은 걸 담기보다는 저희가 원래 좋아했던 순문학이나 번역문학을 다루게 되었고요.

율　　그때 '시시때때 특별활동'(2018년 3월 3일)에서 참석자들에게 쪽프레스 책을 하나씩 주셨잖아요. 저는 왠지 (책 봉투를) 뜯고 나면 그 이전으로 돌아갈 수 없다는 사실 때문에 자꾸 (뜯는 걸) 미루게 되더라고요. 그 상태 그대로 보존하는 시간을 충분히 갖고 싶기도 했고요. 근데 또 얼마 안 있으면 다시 뵙게 되는데….

래　　안 읽기도 그렇고?

율　　네네. 안 읽기도 그렇고. 또 읽지 않고 만나러 가는 건 제 스스로 불성실한 것 같고. 그래서 뜯을 수밖에 없었어요. 제가 추가로 사놓은 것도 미루다 그 모임('나눠 읽는 밤', 2018년 6월 22일) 직전에야 뜯어서 읽었고요. 그래서 요는, 쪽프레스가 가진 뜯는/찢는 경험에 대한 철학적인 의미란 무엇인지 묻고 싶어요. '시시때때' 강연에선 짧게 언급만 하고 넘어가셨죠?

래　　네, 15분짜리 강연이라서요.

율　　네. 오히려 그래서 더 궁금하더라고요.

래　　근데 이런 이야기는 어떻게 해도 젠체하는 것 같아서요.

율　　그러니까 더 궁금한데요.

래　　아아, 네네. (웃음) 근데 독자분들이 항상 뜯으면 훼손되는 느낌을 받는다, 아쉽다고 호소하시기 때문에 저희도 그걸 보완해야 하나 하는 생각이 계속 들어요. 근데 최초에는 어떤 생각이었냐면, 책을 읽고 나서 저는 변화될 수밖에 없잖아요. 긍정적으로든 부정적으로든. 근데 그건 책 입장에서도 마찬가지라고 생각했어요.

우　(깊은 감탄) 아아.

래　책은 읽히기 전이랑 읽힐 때랑 변화가 있을 수밖에 없거든요. 그게 뭐 물리적·화학적이 아니더라도. 근데 그 변형을 '목격하게' 되는 거죠, 우리가. 그 경험이 나쁘다고는 생각하지 않아요. 심지어 책이 찢기기도 하는데 뭔가 되게 한시적이고 연약한 물체라는 사실을 안다는 게 나쁘지 않다고 생각해요. 왜냐하면 (어떤 사람은) 책이라는 걸 한 번도 떠들어 보지 않거나 (또 어떤 사람은) 책이 너무 아깝고 성스럽기 때문에 고이 모셔 두잖아요? 사실은 10년 넘게 안 읽히는 책도 수두룩해요. 근데 그렇게 책이 서가에 꽂혀 있는 것보다, 깨끗하게 읽어서 읽혔는지 안 읽혔는지 알 수 없는 것보다, 오히려 이게 훼손됐다고 느껴질 정도로, 독서라는 인위적인 행위가 확실한 독서의 자취로 남는 형태도 괜찮잖아요.

또 이 이야기와 별개로 이런 기념품 같은 형태로 나온 이유가 있는데요. 아무도 책을 안 읽기 때문에 저렴하고 가벼운 책을 낸 게 아니라, 오히려 이런 짧은 글에도 책이 될 수 있는 독립적인 가치가 있다고 말하고 싶었어요. 저희도 지류를 고민해서 쓰고, 소장 가치 있게 만들고자 노력합니다.

율　어떻게 보면 그 책의 훼손이라는 게 책이랑 독자가 관계를 맺었다는 가시적인 증거인 거잖아요.

래　그 옛날에 배운 시 「오렌지」(신동집)를 보면, 까기 전엔 알 수 없고 까고 나면 내가 알고 싶었던 오렌지가 아니고…. 그런 시 있잖아요. 아마 그런 거랑 비슷한 거겠죠. 제가 갖고 싶고 읽고 싶었던 책인데, 이제 그걸 뜯어서 읽게 됐지만 그 전으론 되돌릴 수 없는 것도. 근데 그거는 오렌지만 그런 게 아니고, 나도 마찬가지인 거죠. 이 텍스트에 영향을 받기 때문에.

율　　저는 결국 뜯은 상태 그대로 그냥 (따로따로) 책상 위에 놓았거든요.

래　　봉투 안에 담아서 다시 보관하는 분들도 많으시더라고요.

율　　이 찢는 경험과 독서 자기화라는 부분을 보면, 쪽프레스의 작품과 독자가 접하는 순간을 제작자 입장에서 많이 집중하고 신경을 쓰신 거 같은데요. 보관 문제도 있잖아요.

래　　네, 맞아요. 그래서 이번에 최초로 케이스를 만들었어요.

우　　트레이 말고요?

래　　네네. 아직 안 만들고, 목업만 나왔는데요. 작품들을 쭉 넣을 수 있는 조금 단단한 종이박스를 만들었어요.

율　　박스면 누워 있는 거예요, 결국?

래　　네. 세울 수도 있구요. 이런 직사각형 형태의 두께가 있는 박스. 지금 텀블벅으로 소개하고 있어요.

율　　그럼 그건 또 쪽프레스 책을 간직하기 위해서 별도로 사야 되는 거죠?

래　　이번 시리즈를 전부 구매하시면 드리고, 몇 권만 사시면 따로 사실 수 있어요. 거의 제작비만 받고요.

지다율의 반복되는 와이파이 연결 실패를 바라보던 그는 자신의 노트북을 열고 텀블벅 페이지를 보여 주었다. 그 노트북은 와이파이가 아주 잘 연결되었고 인터넷 속도도 빨랐다.

율　　시리즈 각각의 개별성이 있잖아요. 근데 이 케이스 디자인은 이 빈 시리즈에만 속하는 것 아닌가요?

래　　사실은 그렇지만 그 요소를 텍스트로는 안 넣어서, 그냥 선물

하고 싶으신 분도 살 수 있는 박스로 만들었습니다.

율   사실 작업실로 오라고 하셔서 본인들 작품은 어떻게 보관할까 기대했는데요.

래   한 권도 없어요, 여기.

우   아카이빙은 따로 하시지 않나요?

래   저희한테도 없는 게 꽤 됩니다. 이제 60종이 넘다 보니까, (대부분) 열 개 미만으로 남았고요. 한 개도 안 남은 것도 있고. (독자분이) 너무 간절히 원하실 때는 그냥 드렸거든요, 처음에는. 아카이빙을 했어야 했는데, 금방 재쇄를 찍을 줄 알고….

우   재쇄 찍은 것도 있어요?

래   네, 종종. 많지는 않아요. '봄'이랑 '밤' 시리즈는 했어요. '봄'은 아예 리커버하면서 다시 나왔고. '밤'은 그중 일부만 중쇄했어요.

율   앞으로 아카이빙 계획은 있어요?

래   계속 조금씩은 하고 있어요. 진열하는 방법을 고민 중인데, 완성되면 다시 초대할게요.

        (웃음)

60종이 넘는 시점이었군요! 이제는 100종이 넘는 어엿한 '한쪽책' 컬렉션이 갖추어졌네요. 물론 절판으로 군데군데 이빨 빠진 형편이지만요.

우   책이라는 형태를 무너뜨린 게 저는 굉장히 천재라고 생각했거든요. '시시때때'에서 받았던 건 비닐봉지였는데, 이 종이로 된 거 보니까 좀 더 확실하게 책의 형태를 무너뜨리면서도 최소한의 콘텐츠는 예쁘게 잘 배치한 것 같더라구요. 봉투 앞면이 표1이겠죠? 또 봉투 뒷면이 표4가 되면서 판권과 표2가 다 있구요. 이런 부분들이 제가 편집자로 일을 안 했으면 별 생각이 없었을 것 같은데, 일을 하고 맨날 접하는 요소들이 이렇게 재구성되는 모습을 보니까 너무 재밌고, 되게 고민을 많이 하셨겠다는 생각이 들었어요. 이런 게 막 파바박 떠오르셨어요?

래　　저희가 시리즈를 거듭하면서 조금씩 보완해 나간 거지, 처음부터 이랬던 건 아니었어요. 지금은 이제 쪽프레스라는 게 익숙하니까 봉투가 불투명해도 본문이 들어 있다는 걸 알지만, 초반에는 그걸 알려줄 수 없었기 때문에 (봉투를) 비닐로 했어요. (비닐로 하면) 본문이 다 비치니까, 이 안에 콘텐츠가 있구나, 하고 느낄 수 있도록 한 거죠, 일단.

우　　그래서 비닐로 시작하셨군요.

래　　비닐로 할 때는 실크스크린으로 다 밀어서 해야 되니까 말리기도 어렵고, 섬세한 일러스트를 표현하기도 어려운 한계가 있었죠.

우　　신기하네요.

래　　근데 지금처럼 비닐, PVC가 유행할 줄 알았다면⋯ (지금이야말로) 비닐을 택해야 했던 건 아닌지⋯.

　　　(웃음)

래　　그리고 이런 약물도, 저희가 10쪽 넘는 게 별로 없기 때문에 쪽 수도 아라비아 숫자로 안 써요. 동그라미 같은 형태를 쓰고요. 이런 걸 하나하나 떠올릴 때마다 어, 진짜로 천재적이다 하면서 하기는 했어요.

율   아, 스스로?

래   네. 저희끼리. 근데 사실 아무도 못 알아볼 수도 있고. 그리고 옛날에는 이런 형태를 못 봤는데 다른 리플릿이나 다른 데서 점점 보게 되면 어, 우리 영향인가? 막 이런 생각도 들고…. 근데 사실 알고 보면 저 희랑 비슷하거나 먼저 시작하셨죠.

우   혹시 가장 힘들었거나 가장 재밌었던 거, 이건 진짜 천재적이다 하시는 게 있다면요?

래   일단 처음에 아코디언식으로 접어서 밀봉해서 팔면 전 국민이 읽는, 그런 필수템이 될 줄 알았어요. 그때 꽤 들떴었죠.

율   음. 그 예감을 하셨을 때?

래   네. 그렇지만 실제 서점에 유통하려고 준비했을 때, 수요가 확 실하지 않은 영세한 출판사가 입고하는 거잖아요. 물류창고도 배치되어 있어야 하고요. 예를 들어 알라딘 같은 데서 주문이 들어오면, 알라딘이 저희 물건을 맡아 주는 게 아니라, 저희가 알라딘 창고로 24시간 안에 물건을 보내야 해요. 이때 공급률을 60%라고 하면 삼 육 십팔, 1,800원 이잖아요. 근데 배송료가 2,500원인 거죠. 처음엔 그걸 홍보라고 생각하 고 계속 손해를 봤어요. 저희 돈을 내면서.

하지만 하다 보니까 주객이 전도되는 것 같았어요. 수익이 전혀 안 나고 적금처럼 계속 저희 돈을 넣었거든요. 그러다 보니 지치고. 배송도 사실 보통 일이 아니잖아요. 한 건 들어와도 다음날 바로 보내야 하니까. 그래 서 기성서점 유통을 사실상 포기했어요. 결과적으로는 동네서점에서만 접하실 수 있고요. 그렇기 때문에 국민템이 될 수 없었다…. (일동 웃음) 쪽프레스의 책이 가볍다고 해도 배송료까지 가벼운 건 아니니까요. 유통 관련해서 난항이 컸어요.

이제 물류창고도 따로 있고, 번듯한 사무실도 있답니다. 매달 정중앙에 있는 주말마다 오픈스튜디오로 개방하니 놀러 오세요.(책 만드는 조직의 '등'과 같은 공간에는 '스파인서울'이라는 이름을 붙였습니다. 마포구 백범로48 2층, 스파인서울.)

우 가격은 혹시 어떻게 정하시나요?

래 가격은 사실 출판사에서 하듯이 어떤 비용이 들어가는지 계산해서 이 정도 선에서 정하자, 이런 전문성은 기대할 수 없습니다…. '이 정도면 구입할 만할까?' 이렇게 연역적으로 정해요.

우 아, 그렇게 접근을 하시는구나.

래 사실 이런 그래픽노블 같은 건 300쪽짜리 소프트커버만큼 제작비가 나와요.

율 그래요?

래 이렇게 여러 번 접어야 되고 컬러 인쇄에 한글판, 영문판, 두 개 들어가고 밀봉하면서 수공으로 계속 붙이고 접고 해야 하니까 단가가 낮아지지 않더라고요.

율 권당 단가가요?

래 예. 소프트커버의 그냥 평범한 책 권당 단가가 사실 2천 원 내외거든요, 출판사에서. 그런데 (쪽프레스 그래픽노블 단가도) 비슷해요. 그러니까 55% 공급률로 넣을 수도 없고 무료배송으로 하기도 어려워요. 그리고 최소수량도 1천 부, 2천 부, 3천 부 찍을 수 있는 책이 아니고요. 저희가 한 번에 종수를 한 권씩 내는 출판사가 아니라 한 시리즈에 다섯 권, 열 권, 열다섯 권 내는 출판사이기 때문에 제작비를 감당하기가 어렵죠. 그리고 수공이 많이 들고 종이량이 크지도 않은 작업이라 총 수량이 변하는 거에 따라서 제작 단가가 드라마틱하게 떨어지지 않습니다. 그런 어려운 점이 여러 가지 있기 때문에 귀납적으로 추론할 수가 없고 독자로서 살 만한가 그 선에서 접근해요.

우　　　　이건 3천 원인데 그래픽노블은 이거의 배 정도?

래　　　　네. 영문판, 한글판 두 개 들어 있고 판형도 1.5배 정도 됩니다.

우　　　　어렵네요.

래　　　　네. 그래픽노블도 사실 가격을 떨어트려야 맞는데 견적이 안 나오니까 안타깝습니다.

율　　　　왜 (가격을) 떨어트리는 게 맞죠?

래　　　　아무래도 가격 부담이 조금 있을 테니까요. 문고판 같은 경우 7, 8천 원이면 사잖아요, 100쪽, 200쪽 되는 것들을. 근데 이게 6천 원이면 사실 독자 입장에서는 부담스럽죠.

율　　　　가격과 볼륨의 상관성을 생각하다 보면 책을, 혹은 대상을 어떻게 바라보는지가 드러나잖아요. 방금 말씀하셨듯이, 쪽프레스의 그래픽노블처럼 책이 너무 얇은데 그 정도 가격이면 부담스러울 수도 있죠. 하지만 한편에서는 ‘예쁘니까 비싸도 기꺼이 산다’라는 의견도 있고요. 어떤 인터뷰(“인생의 묘미는 종이 다섯 쪽”, 텀블벅 네이버포스트, 2018년 4월 25일)에서 보니 일본 오사카 북페어에 참여한 경험을 회고하며 “다들 왜 이렇게 책을 싸게 파냐며 놀라워하셨어요. 아트북을 ‘독서’를 위한 ‘책’으로만 생각할 수도 있지만, 동시에 심미성을 갖춘 아름다운 오브제로 많이들 생각하시는 것이 신기했습니다”라고 하셨는데요.

래　　　　네. 대만이나 일본 분들은 왜 이렇게 저렴하냐고 해요. 한국이 좀 비교적으로 책값이 낮게 책정되긴 하니까 쪽프레스가 특이한 케이스는 아니지만요. 어떻게 보면 우리나라가 독서를 위한 문화 인프라가 잘되어 있잖아요. 구매력이 높은 층이 아니어도 양서를 접할 수 있는 접근권이 많이 퍼져 있고요.

우　　맞아요.

계단을 올라오는 소리가 들리더니 피자를 들고 김민해 디자이너(쪽프레스 멤버)가 등장했다. 인터뷰가 시작된 지 30분이 지나 있었다. 그는 김 디자이너를 자신이 앉았던 자리로 안내하고는 일어섰다. 맥주 마실래? 커피도 있어. 그동안 우리는 인사와 소개를 나눴다. 막 내린 커피를 김 디자이너에게 건네면서, 그가 다시 앉았다.

율　　다시 하던 이야기로 돌아가죠. 조금 이야기가 샌 것 같은데요. 원래 드리려던 질문은 '가격과 심미성의 관계'였습니다. 그러니까 예쁘면 비싸도 되는가, 또는 얼마나 예쁘면 비싸도 되는가, 또는 예쁘면 얼마나 비싸도 되는가, 이런 걸 여쭤보고 싶었어요.

래　　결국 가격은 수요와 공급이 만나는 선에서 결정되기 때문에 저희는 충분히 아름답게 만들 뿐이고, 여기에 얼마를 지불할 만하다고 결정하시는 것은 독자가 아닐까요.

율　　그래서 아트북 혹은 오브제로서의 책이 일본과 대만 독자들에게는 좀 더 익숙한 듯 보였다는 말씀인가요?

래　　네. 통계적으로 면적이나 인구수 대비 독서인구나 출판 종수가 일본이나 대만이 높은 편이었어요. 대만의 독립출판 씬도 점점 넓어지고 있고요. 그래서 대만 아트북 페어도 이번에 가보고 싶었는데, 초대도 됐거든요. 근데 시간이랑 연차도 없고 해서….

　　(웃음)

율 쪽프레스는 여러 분이 협업하는 체제잖아요. 느슨하긴 하지만요. 혹시 같이 일하다 보면 문제나 갈등이 있지는 않나요? 회의감에 빠지시거나, 다투시거나, 아니면….

래 엄청 느슨해요. 그리고 싸우려면 다섯 명이 다 모여야 되는데, 회식 때도 모이기가 힘들어서. (웃음) 보통은 원격으로 소통해요.

우 그럼 정기적으로 만나거나 그런 건 없나요?

래 책 팔러 나갈 때 정기적으로 모이게 돼요.

우 그럼 기획은 어떻게 하세요? 기획회의 안 하시나요?

래 프로젝트 단위를 편집자랑 발행인으로 잡아요. 그래서 저랑 김태웅 님이랑 보통 주제 선정이나 저자 섭외를 하고, 실무에 필요한 인력들은 내부 디자이너랑 편집자한테 부탁할 때도 있고, 여건이 안 되면 외부 분들에게 부탁할 때도 있어요. 그리고 책을 자주 팔러 나가긴 하니까 몇 달에 한 번씩 보긴 하거든요. 그때 '이런 거 해보면 어때?' 이런 식으로 자유롭게 이야기를 나눠요. 저희가 정기지가 아니기 때문에 1년에 한두 번 내잖아요. 그래서 느슨해요, 생각보다.

말씀드렸듯 두 명으로 멤버가 축소되다 보니, 분위기를 형성하는 1/n의 비중이 20%에서 50%가 되면서, 이제는 한결 강해진 자아가 자주 부딪칩니다. 매너리즘에 빠질 때도 이따금 있고요. 오히려 컨펌이나 합의 절차가 주니 속도가 붙어서 1년에 10권을 넘게 내는… 그런 생산적인 기현상을 출력해 내기도 했죠. 반기에 한 번쯤 출간하는 사이드잡(쪽프레스만 했던) 시기를 지나, 바야흐로 두 달에 한 권 이상을 내는… 본격 출판 시대로 접어든 게죠.

율   저희는 거의 막 격주로 만나고, 회의를 하니까….

래   초반이셔서서 더 그러신 것 같아요. 저희는 어느덧 4년 차인데, 초반에는 포맷 만드느라 인쇄해 보고 이러느라 맨날 만났죠. 어!?

두 번째 손님이 등장했다. 오랜만에 만나는 듯 셋은 반갑게 인사했다. 그는 막 도착한 김지선(전직 출판마케터. 쪽프레스의 친구)을 김 디자이너 옆자리로 안내하고는 일어섰다. 맥주 마실래? 커피도 있어. 그동안 우리는 인사와 소개를 나눴다. 이제는 이 모든 게 모두에게 자연스러웠다.

김민해(해)   초창기 때는 우리가 같은 회사에 있어서 따로 만날 필요가 없었어요. 같은 건물에 다 있었으니까. 자연스럽게 만나다가 회사가 뿔뿔이 흩어지면서….

우   서로 시간을 내야 하는 상황이 되었군요.

김지선(선)   마치 정해진 수순처럼 다들 (회사를) 옮겼거든요.

율   지금은 따로 만나지 않아도 분업이 착착착 진행되는 거죠?

해   네, 각자 영역이 있다 보니 만나지 않아도…. 그리고 일단은 구성원들이 많이 친한 사이예요. 그러다 보니 연락을 자주 하고, 자연스레 (일이) 되는 기 같아요.

율   저희도 앞으로 프로젝트별로 구성원들이 이합집산하며 수익을 내고도 싶은데, 그럴 때 정산이라든가 분배 같은 건 어떻게 해야 할까요?

해   근데 사실, 아시잖아요, 돈이 안 된다는 거.

래   그렇죠. 수익을 나눌 만한, 그런 게 없죠….

해   네, (번 거) 거의 그대로 다음 작품 만드는 데 쓰죠. 보통 사업을 시작했을 때 막 공격적으로 하면 처음 1년 정도 어렵고 그 뒤로는 조금씩 수익이 난다고 하더라구요. 그런데 저희는 처음부터 그렇게 공격적으로 사업을 한 게 아니라서요. 그래서 아직 저희도….

우 국민템이 됐다면, (분배 문제를) 고민하셨을 수도 있었을 텐데.

율 유통 문제만 해결됐다면.

우 (갑자기 혼잣말) 좋다. 우리도 좀 쉽게 하면 안 되나? 우린 너무 빡빡한 거 같아.

율 그렇죠. 우린 너무 머리만 아프고, 발은 무겁고.

해 근데 사실 이걸로 수익이 나는 게 아니라서. 지금 다니는 회사도 고맙고 중요하잖아요. 그래서 (쪽프레스 활동은) 느슨하게 할 수밖에 없는 거 같아요.

율 마지막 질문입니다. 혹시 눈여겨보시는 독립출판 제작자 있으신가요?

우 요즘에 재밌더라 하는.

래 (민해 님에게) 있어요?

해 글쎄?

율 우리 같은 천재는 없다? (웃음)

우 혹시 다른 독립출판 하시는 분들은 만나시나요? 저희는 몇 번 '시시때때' 같은 데도 참여했고, 서점에서 하는 독립출판 제작자 모임, 이런 거 몇 번 갔었거든요.

래 아, 진짜요? 저희는 '시시때때'가 처음이었어요. 강연 요청을 받아서 처음 가 봤는데, 저희가 의외로 엄청 소극적이어서….

율·우 그래요? 완전, 제일 좋았는데요.

래 저희가 대외적인 활동은 거의 안 하는데. (웃음)

해 저희가 이렇게 보여도 낯을 되게 많이 가려요. (일동 폭소)

래 낯을 가린다고 해야 하나? 이렇게 몇 명이서 만나는 건 괜찮은데, 수십 명이 있는 자리에선 낯을 가려요.

율　　　그러시구나. 강연 너무 좋아서 끝나고 따로 찾아가서 인사도 드렸잖아요.

래　　　그래서 그때 저희도 되게 행복했어요. (웃음) 이렇게 관심사가 비슷한 분들 많이 만나서 되게 벅차올랐는데, 막상 뒤풀이할 거 같으니까 쑥스러워져서 도망갔죠.

율　　　안 보이시더라구요. 저는 계속 있었는데.

우　　　이분은 끝까지⋯ (있었죠).

해　　　(저는) 너무 떨려서, 얼굴도 안 들고 있다가 (갔어요).

래　　　다 같이 '이게 책임감' 이런 거 보면서 되게 재밌다고 했었죠. 아, 그리고 요즘에 눈여겨보는 팀은 브로드컬리. (책이) 되게 현실에 기반한 질문으로 구성되어 있잖아요. 사실 잡지 형식인데 단행본 형태이고요. 판형이나 표지가 흥미롭고 직관적이고, 잘 읽히고. 앙케트같이 하나의 생태계에 있는 사람들이 지금 어떻게 지내는지 극명하게 보여 주는 것 같아요. 개인적으로 응원하는 팀은 '뒤로'라고. 몇 년 동안 게이 잡지를 만들고 계신데, 항상 존경하고 챙겨 봅니다.

우　　　그렇군요. 그럼 인터뷰는 여기서 마치겠습니다.

인터뷰를 마칠 때쯤 세 번째 손님이 등장했다. 벌써 여섯이 되었다. 그는 손님을 빈자리로 안내하고 일어섰다. 맥주 마실래? 커피도 있어. 그동안 우리는 인사와 소개를 나눴다. 지다율은 (이제는) 맥주를 마시겠다고 했다. 기다린 눈치였다.

코멘트를 달다 보니, 문득 깨달았어요. 저 때가 4년 차, 이제는 7년 차?! 10년을 향해 달려가는 쪽프레스 편집부를 응원해 주십시오!

미니 인터뷰

1. 주워 담고 싶은, 지난 이야기

당시 책을 보았을 때 "커피 or 맥주" 부분이 약간 부끄러웠는데요. 지금 눈으로 보니, 왜 편앓 편집부에서 이 부분을 '킬포'로 보셨는지 알 것 같아요.

1년에 한두 번 출간하는 주기이니 '널널하다'며 너스레 떠는 부분이 있는데, '투두리스트'(to-do list)가 하늘 높은 줄 모르고 쌓여 있는 지금 시점에서는, 거두어들이고 싶은 대사입니다.

2. 그간의 작업들

고트(goat. 종이를 별미로 삼는 염소가 아까워서 차마 삼키지 못한 책을 소개한다는, 쪽프레스 내 단행본 레이블)라는 이름으로 일본의 여성 만화가 오카자키 교코(『리버스 에지』, 『핑크』, 『헬터 스켈터』)와 타카노 후미코(『친구』, 『나를 해체하는 방법』)의 대표작들, 미국 및 유럽의 그래픽노블(『나이트 피셔』, 『러브 벙글러스』, 『팔로마르의 아이들』)을 펴냈고, 그림책(『더 이상 아이를 먹을 수는 없어!』, 『이상한 다과회』, 『빅토르(근간)』)을 몇 권 선보이기도 했습니다. 소설이나 시 등 순문학(마를렌 하우스호퍼의 『벽』, 앨리스 오스왈드의 『다트(근간)』) 계열과 영화 각본집(에릭 로메르의 『사계절 이야기』, 『희극과 격언 1, 2』) 등 스펙트럼을 넓혀 도전을 거듭하고 있습니다.

3. 이후의 행보

출판을 사양산업인 줄로만 알고 기묘한 자부심과 설렘을 안고 출판계에 입문한 이래, 10년이 흘렀습니다. 최근 몇 년간은 오히려 블루오션이 된 것 같았어요. 잘 쌓아 올려진 기성의 무언가가 흔들리는 시기, 작지만 고유한 약동이 꿈틀거리는 이곳. 우리 브랜드도 아마 겹겹의 모호한 무언가를 띠고 줄기를 뻗어 나가는 중인 것 같아요. 저희도 모르는, 저희의 한 치 앞을 기대해 주세요.

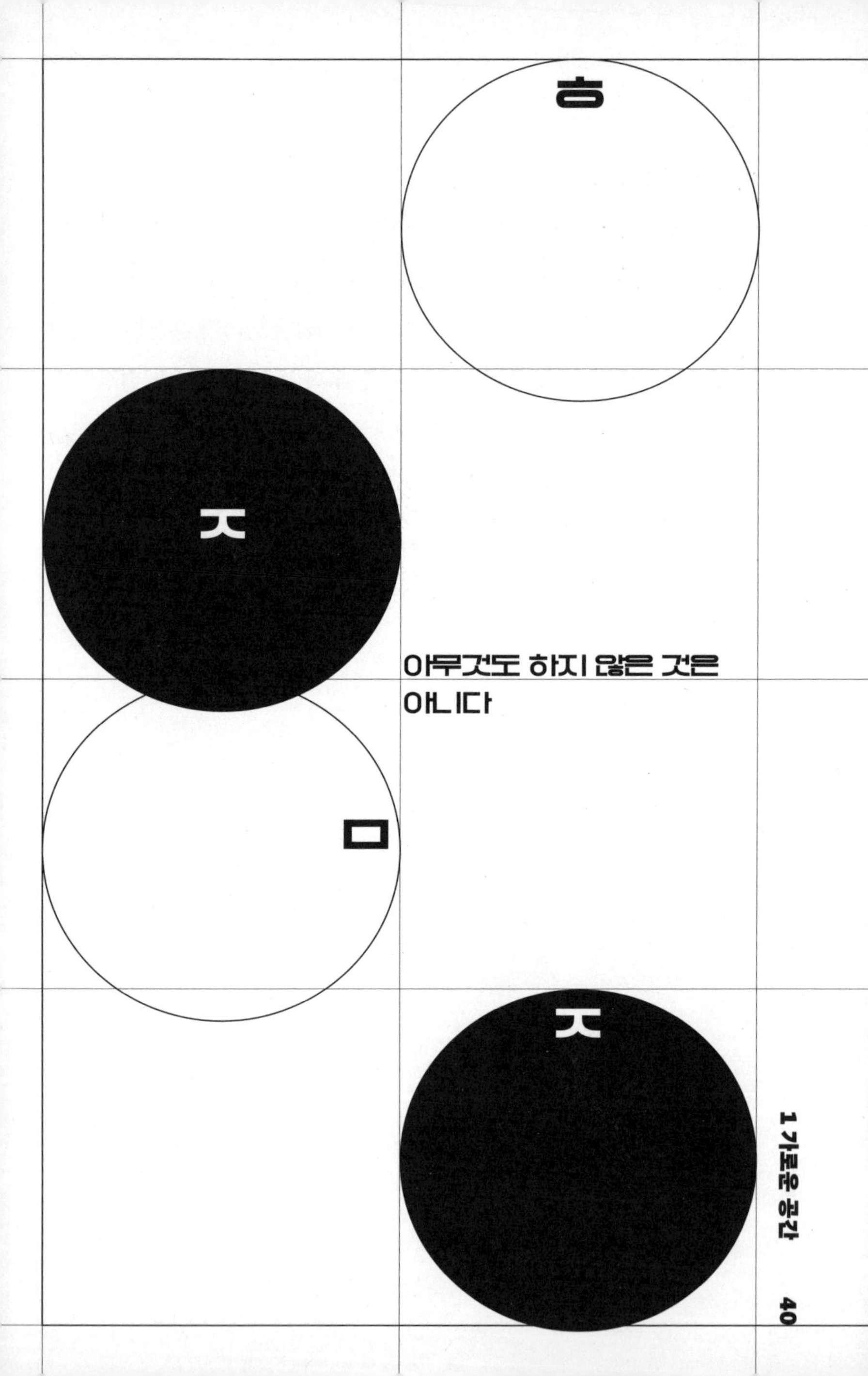

ㅎ
ㅈ
ㅁ
ㅈ
아무것도 하지 않은 것은
아니다

퇴사. 할지말지. 이직. 할지말지.
당신의 모든 고민을 도와줄 출판인 맞춤 퇴직 상담소
퇴사의
이유
첫 번째 이유, 돈

세로운 시간	2019년 4월 18일, 22일, 23일, 26일, 5월 1일, 5일, 7일, 10일, 13일, 17일, 6월 10일, 13일
가로운 공간	각자의 집
교차한 우리들	ㅎㅈㅁㅈ의 구구즈, 김유리, 성기병, 편앓의 김윤우와 지다율

안녕하세요, 편앓의 김윤우·지다율입니다. 반갑습니다.

인터뷰에 흔쾌히 함께하신다 하셔서 기쁩니다. 너무 떨리네요!

ㅎㅈㅁㅈ와 나누고 싶은 질문을 보내드립니다. 분량이나 어투 혹은 문체, 단어 사용, 맞춤법 등에 어떠한 제한도 없습니다. 자유롭고 편하게 답변해 주세요. 다만 "격자로운 시공간"에서 사용할 호칭 혹은 지칭을 알려 주시고, 구분해서(예: ㅎㅈㅁㅈ, A, B, C 등) 답변해 주시면 좋겠습니다.

내가 나에게 던지는 질문이나, 질문하지 않았는데 이야기하는 예상 답변도 매우 환영합니다.

아울러, 편앓에게 하고 싶은 질문을 적어도 하나씩 부탁드립니다. 잘 부탁드립니다.

김윤우 3년 동안 편집자로 일하면서 동료 13명의 퇴사를 지켜본 김윤우입니다. 편않의 기획편집자입니다.

지다율 읽고 쓰고 책 만드는, 언젠가 영화 만들 지다율입니다. 편않의 기획편집자이자 다양한 사람들과 편않을 연결합니다.

편않 ㅎㅈㅁㅈ 소개와 각자 소개를 부탁드립니다.

성기병 성기병이라고 합니다. 김포에 살고 있고 곧 파주로 독립할 예정입니다. 나라로부터 적지 않은 돈을 받았고 지금도 생계의 주요한 부분을 나라에 의존하고 있습니다. 출판사에서 일하고 있고 몸 쓰는 일을 좋아합니다.

김유리 김유리입니다. 그동안 잡지사에서 일해 왔고 지금은 독립해서 콘텐츠 기획자로 활동 중입니다. 글 쓰고 편집하는 일을 해 왔지만 사실은 작물 수확 같은 반복 작업을 매우(!) 좋아합니다. 비혼 여성의 삶에 관심이 많습니다.

구구즈 구구즈라고 합니다. 얼마 전에 이직한 탓에 적응하느라 바쁜 나날을 보내고 있습니다. 편집자로서 좀 더 확신을 가지고 일하고 싶어 여러 방면으로 노력하고 있습니다.

편않 ㅎㅈㅁㅈ는 퇴사 할지 말지, 일 할지 말지 등 여러 변주가 가능해서 더욱 재미있는 이름입니다. 이 이름은 어떻게 나오게 되었나요?

ㅎㅈㅁㅈ 집착과 해방 사이에서 갈팡질팡하는 우리네 인간군상에 대한 문학적 은유랄까요? 농담입니다. 사실 저희 셋은 그 어떤 인맥의 접점 없이 '무언가를 창작하고 싶다'는 의지로 모였습니다. ㅎㅈㅁㅈ라는 이름은 모 카페에서 담소를 나누던 중 좋게는 브레인스토밍, 실제로는 '아무발대잔치' 끝에 선정한 이름입니다. 무엇보다 저희의 첫 출판물 「퇴사의 이유」의 부제였던 '퇴사 할지 말지 이직 할지 말지'와도 잘

어울리는 데다가 말씀하신 대로 여러 변주가 가능하다는 점을 고려하여 지은 이름입니다.

편않　ㅎㅈㅁㅈ 앞에 '비정형 출판 모임'이라는 짧은 소개가 붙습니다. 「퇴사의 이유」 외에 단행본 등 다른 프로젝트를 계획하고 있으신지요? (있다고 해주세요…….)

ㅎㅈㅁㅈ　ㅎㅈㅁㅈ는 지금까지 두 권의 책을 만들었습니다. 「퇴사의 이유」 1호와 2호가 그것들입니다. 사실 3호를 빨리 내고 싶은데, 여러 가지 이유(게으름이 90%)로 인해 그렇게 하지 못했습니다. 1호와 2호 때만큼 절실함 같은 게 부족해진 것 아닌가 하는 내부적인 반성도 있었고요. 그래서 3호를 내기 전에, 각자 만들고 싶은 책을 자유롭게 만들자는 의견도 나왔습니다. 지금까지 써 모은 습작 에세이라든가 1인 생활자를 위한 재미난 가이드북 같은 것들을 얘기하며 주억거렸는데, 결과적으로 완성한 것은 아직 없습니다. 이 밖에도 각자의 머릿속에 아직 제대로 반죽되지 않은 아이디어 몇 가지가 둥둥 떠다니곤 있지만 어디까지나 계획일 뿐…….

　그러는 중 매우 놀랍게도 구성원 모두 퇴사를 한 번씩 경험했습니다. 잘 아시겠지만 퇴사라는 게 심리적 에너지가 엄청나게 소진되는 일이다 보니, 아무래도 공백이 있을 수밖에 없었지요. 지금은 모두들 잘 정리한 상황이라, 얼마 전에 다시 모여 3호에 대한 진지한 논의를 끝냈습니다. 올해 말까지 3호를 제작하는 것을 목표로 하고 있습니다.

편않　남들은 어떻게 일하는지 너무 궁금한데, '퇴사'를 키워드로 잡은 점이 인상적입니다. 퇴사를 빼고 노동을 이야기할 수는 없는 열악한 근무환경이 가장 큰 이유일 것 같습니다. 만약 오늘 당장 퇴사를 한다면 가장 큰 이유는 무엇인가요?

성기병 저는 어제도 오늘도 북에디터를 기웃거렸고, 내일도 기웃거릴 것입니다. 솔직히 말씀드리면, 지금 다니는 회사는 제가 지금까지 다닌 출판사 중 가장 근무환경이 좋습니다. 객관적인 지표(?)들로만 따지면 말이죠. 급여도 상대적으로 높고, 공휴일 휴무를 보장하고, 퇴직금도 연봉에서 별도로 계산하고, 매해 나름대로 공정한 시스템에 의해 연봉 인상률을 결정합니다. 본질에서 벗어난 꼰대질도 없고 사장의 비합리적인 요구도 없습니다. 동료들도 모두 유능하고 일을 애정하고 책임감도 강합니다. 사실 몇 해 전까지는, 회사에서 괴로움을 겪는 원인을 모두 외부에서 찾았습니다. 내 자존감을 무너뜨리는 빈약한 급여, 남들은 쉴 때 출근해야 하는 곤혹스러움, 세상에 아무런 영향을 미치지 못하는 책을 만드는 외로움 등등. 회사를 그만둘 이유는 차고 넘쳤죠.

그런데 솔직히 지금은 문제의 원인이 바깥이 아니라 내부(나)에 있는 게 아닐까 하는 생각도 합니다. 그냥 내가 이 일을 충분히 애정하지 않아서, 편집자로서 능력이 부족해서, 책임감도 끈기도 없어서 이 모양이 꼴이 아닐까 고민 중입니다. 아니, 거의 그쪽으로 기울었습니다(웃음). 그래서 요즘엔 업종 전환도 진지하게 고려하고 있습니다. 아마 팀원들에게 이런 말을 하면 지금 다니는 회사를 절대 그만두지 말라고 잔소리를 할 텐데요(웃음), 솔직히 이제는 '퇴사'라는 단어가 주는 무게감이 많이 줄었어요. '이 일이야말로 나의 천직이지!'라는 진지함이 사라지니까 '까짓것 출판 일 그만두면 어때?' 하는 자신감도 생겼고. 그리고 책을 만들고 싶으면 이런 식으로 '비정형' 출판 모임을 활용하면 될 것도 같고요. 그렇다고 해서 이 출판계의 노동이 매우 정상적이고 합리적으로 돌아간다는 소리는 절대 아닙니다. 오히려 비정상적인 구조 속에서도 남들은 열심히 재밌게들 일하는데 나 혼자 따라가지 못하는 느낌이 들 뿐이죠.

만약 제가 내일 당장 퇴사를 한다면 가장 결정적인 이유는 그 '열등감' 때문일 것 같아요.

김유리　저 같은 경우는 연차가 오래되고 능력치가 쌓이면서 오히려 퇴사를 생각하게 된 케이스입니다. 제가 일하던 매거진 업계의 경우 2010년 초반을 기점으로 점점 내리막길을 걸었고, 더불어 회사에서도 사람들에게 그만두라는 무언유언의 압력을 가하기 시작했죠. 그때부터 퇴사 후 콘텐츠 기획자로서 어떤 일을 하면 좋을지 고민을 해 왔습니다. 회사의 사정이 어려워질수록 거기서 일하는 사람들도 점점 '일' 그 자체보다는 '정치'와 '자기 밥그릇'에 몰두하는 분위기라 점점 견디기 어려워지기도 했죠. 회사에 다니던 마지막 순간에는 상사가 자기 과오를 모두 제 탓으로 돌리며 발뺌을 하기도 해서 인간적 배신감을 느끼기도 했고, 막판에는 주당 100시간 가까이 일하면서 건강이 나빠지기도도 했습니다. 역류성 식도염과 이석증으로 통원 치료를 받았지만 제가 맡은 일은 조정되지 않았고 오히려 새로운 업무가 계속 주어지는 상황이라, '이러다가 내가 죽을 수도 있겠다'는 생각까지 했을 정도입니다.

정도의 차이가 있지만 요즘 퇴사하는 사람들은

1) 회사의 경영상 어려움, 그리고 업계에 비전이 없다는 점, 이에 따른 급여와 복지의 축소

2) 회사 내 인간관계 문제(특히 일을 떠넘기는 무능한 상사들과의 충돌)

3) 비용 절감을 위해 직원은 줄이면서 남아 있는 사람에게 업무를 과중하게 부과

이런 이유 때문에 회사를 떠나는 것이 아닐까 합니다.

구구즈　더 좋은 급여? 혹은 잘나가는 작가의 솔깃한 담당편집 제안(그냥 굴러들어 오는 복)? 이런 것들이 아닐까요. 이직한 지 얼마 되지 않아

서, 회사의 대부분이 맘에 드는 시기입니다. 그래서 굳이 퇴사의 이유를 찾자면 (다른 회사의) 야근 없는 업무 환경이나 많은 연봉, 또는 기획편집 업무에 직접 참여할 수 있는 가능성 등 장점에서 이직의 이유를 찾을 수 있을 것 같습니다.

편앙　　성기병 님이 (notorious) 북에디터에 글을 올리셨고 그 계기로 세 분이 만나셨다고 들었습니다. 그즈음 독립출판(혹은 독립잡지)에 이미 관심이 있으셨는데요. 독립출판에 눈을 뜨게 된, 혹은 관심을 두게 된 이유가 있을까요? 「퇴사의 이유」를 독립출판의 형태로 발행한 이유는 무엇이었나요? 독립출판에서 (거칠게 말해) 기성출판과 다른(?) 점으로 무엇을 보셨는지 궁금합니다.

성기병　　처음부터 '독립출판을 하겠다!' 하고 다짐한 건 아니었어요. 북에디터에 글을 올렸을 당시만 해도 우리가 「퇴사의 이유」라는 독립출판물을 제작하게 될 것이라곤 생각하지 않았습니다. 아무것도 스스로 결정할 수 없는 회사 안의 출판 공정을 벗어나 뭔가 새로운 작업을 해 보고 싶었습니다. 세상에 엄청난 영향을 미치는 책까지는 아니더라도, 적어도 독자에게 '와, 이런 책도 있네? 재밌겠다!'라는 흥미를 줄 수 있는 책을 만들고 싶었어요. 하지만 당시 제가 속해 있던 회사에서는 그런 일을 벌이는 것이 결코 불가능했습니다. 아마 다른 팀원들도 마찬가지였을 테고요. 그리고 말씀하신 것처럼 당시(2015년 즈음)에 '독립출판'이라는 인디 붐이 서서히 표면 위로 솟아오르고 있었죠. 그런 흐름에 동참하고 싶은 욕망도 조금 있었고요.

　　내가 다니는 회사에서는 할 수 없는 일을 회사 바깥에서 해 보고 싶었습니다. 기획도, 편집도, 디자인도, 제작도 모두 우리 손으로 말이죠. 그 누구의 간섭도 받지 않고 판매나 매출의 압박도 없이 우리가 만들고 싶은 콘텐츠를 책으로 엮고 싶었어요.

김유리　실제로 독립출판을 해 보니 여러 가지 고달픈 점이 있긴 했지만 완성된 책을 보니 매우 뿌듯했습니다. 어떤 검열이나 억압 없이 우리가 느끼는 문제의식을 세상과 공유할 수 있다는 것이 속 시원했고, 그러면서 자신감도 갖게 됐지요. 게다가 이런 문제의식에 동감해 주시는 분들과 만날 수 있었던 것도 귀중한 경험이었습니다.

구구즈　2013년부터 독립출판물에 관심을 가지게 되었고 동네 독립서점들을 들락날락했습니다. 언젠가는 나도 이렇게 하고 싶은 이야기를 마음껏 해야겠다고 마음먹고 있었죠. 그러나 문학적 재능이 없는 저로서는 홀로 출판물을 낸다는 것이 막연하게만 느껴졌습니다. 당시에는 편집자로서 경력도 얼마 없던 터라 겁만 많았죠.

　　그러던 와중에 (북에디터의) 공고를 보게 되었고, 어떤 형태로든 좋으니 내 이야기를 할 수 있는 기회라고 여겨서 이 커뮤니티에 합류하게 되었습니다. 독립출판물을 열린 마음으로 받아들일 수 있는 새로운 독자를 만나고 싶었습니다. 앞에서 두 분이 말씀해 주신 이유도 물론 포함되고요.

편않　2016년 10월 첫 「퇴사의 이유」가 나온 지 2년이 조금 넘었습니다. 그간 '퇴사'라는 키워드가 출판계에서 한때 유행하기도 했지요. 편않의 독립비평 세미나의 주제기도 했는데요. "사람들은 왜 떠나지 못하고 떠난 자들을 읽"을까요.

성기병　저도 '퇴사' 콘텐츠에 열광하는 마니아(?)인데요. 왜 유독 남들 회사 그만두는 이야기에 민감하게 반응하는지 고민해 본 적이 있습니다. 두 가지 이유가 나오더군요.

　　하나는 우선 부러움이었습니다. 사직 이유가 어찌 됐든 간에 퇴사자는 이제 회사를 나가 자유의 몸이 될 테고, 그중에서 누군가는 더 좋은 회사에 들어가거나 더 높은 연봉을 받게 될 테니, 그들과 나 사이에서 비롯하는 비루한 호기심이 가장 컸죠. '남들은 어떻게 더 좋은 곳으로 이직을 할까?' 사람 본성이 그렇잖아요. 남이 잘되는 모습을 보면 괜히 훔쳐보고 싶고, 거기서 대리 만족을 느끼고 싶잖아요. 그래서 늘 남들의 퇴사 이야기가 궁금했습니다.

두 번째는 자기 위안이었습니다. 떠나는 사람에 대한 부러움의 무게와 '그래도 나는 남아서 다행이다'라는 안도감의 무게가 비슷했던 것 같아요. '아, 나는 이 대열에서 낙오하지 말고 회사 벽에 똥칠할 때까지 버텨야지!', '저 사람은 벌써 나가떨어지는구나!' 같은 소심한 승리감에 머무르며 안도감을 느꼈죠. 다른 사람들도 저와 비슷하지 않을까요? 오래 다니고 싶은 회사는 아니지만, 또 막상 나가면 험난한 무직자의 길이 기다리고 있으니…….

한편으론 다른 사람들의 이직기(移職記)를 훔쳐보고 또 다른 한편으론 '그래도 저 사람보단 내가 낫지' 하는 안도감으로 자위하는 것 같아요. 고백하자면, 퇴사에는 분명 쉬이 설명할 수 없는 장대한 서사가 녹아 있을 텐데, 그런 것들을 무시한 채 내가 보고 싶은 것만 보고 느끼고 싶은 것만 느꼈습니다. 사실 이런 '곁에 대한 빈곤한 감각'이 「퇴사의 이유」를 만들게 된 한 이유이기도 합니다.

김유리 떠나고 싶어도 대출이랑 카드값, 적금이 발목을 잡고 있잖아요 (웃음). 그럼에도 불구하고 떠난 사람들은 도대체 어떻게 그게 가능했을까, 그것이 궁금해서 '퇴사' 콘텐츠를 찾아 읽게 되는 것 같아요. 읽다 보면 「어벤져스: 엔드게임」 못지않은, 속 시원한 활극이랑 해학도 담겨 있어 재밌는 것도 사실입니다. 그리고 결국엔 '아직 나는 이만큼은 준비가 안 되어 있으니, 좀 더 회사에 있어야겠다'라고 발목을 잡히기도 하고요.

어찌 보면 2010년대의 새로운 자기 계발서—좋은 의미의—가 '퇴사' 콘텐츠인 것 같네요.

구구즈   출판사로 한정 지어 말하겠습니다. 출판사가 싫고 이 일을 하는 것이 증오스러워 업계를 떠난 사람은 적었습니다. 모두 더 나은 출판사를 향해 떠나곤 했죠. 저 역시 마찬가지였고, 이런 글을 찾아 읽는 출판인들 역시 마찬가지일 겁니다. 결국 출판 일을 사랑하기 때문에 그 안팎에서 일어나는, 긍정적·부정적인 모든 이야기를 소비하는 것이 아닐까 싶습니다. 저희가 「퇴사의 이유」 1호를 준비할 즈음에 「뫼비우스의 띠지」라는 팟캐스트가 한창 유행했거든요. 그때 느꼈습니다. 출판업에 종사하는 사람들이 이야기를 나눌 판이 필요하다고. 아마 그래서 그들은 이런 이야기들을 찾아 읽고, 그만두고, 또 이직하는 게 아닐까요.

편않   한 권으로 끝나는 게 아닌, (비)정기적으로 주제 혹은 소재를 이야기하는 잡지라는 형태를 선택하신 점이 흥미롭습니다. 「온페이퍼」 인터뷰를 읽으니, 4호까지 내는 것이 목표이고 각 호의 주제도 어느 정도 잡고(돈, 사람, 근무환경, 그리고) 시작하신 것 같습니다. 1호와 2호는 약 6개월 만에 나왔는데, 2호와 3호의 간격은 넓습니다. 3호 '나야 나'는 언제 만날 수 있나요? 발행 주기가 넓어진 이유가 있을까요?

성기병   좀 더 철저한 시장 분석과 예상 독자수요 검증, 기획의 날을 세우기 위한 수십 차례에 걸친 토론과 회의, 1만 5,000원을 지출한 것이 아깝지 않을 출중한 필진과 화려한 장정을 준비하기 위해 두문불출 작업에 집중하다 보니 그만……. 농담입니다. 저희가 게을러서 많이 늦어졌습니다.

김유리   그리고 앞서 말씀드린 것처럼 구성원 모두가 각자 퇴사 1회씩을 경험하느라……. 개인사적 에너지 소진이 컸던 시기라 잠시 멈출 수밖에 없었습니다. 지금은 재충전을 완료했습니다!

편앓　　1호와 2호 모두 텀블벅을 통해 제작비 등을 모았습니다. 텀블벅 펀딩을 진행하기로 한 결정적인 이유는 무엇인가요? 그 과정에서 재밌었던 점, 어려웠던 점은 무엇이었나요?

흥ㅈㅁㅈ　　처음에는 각자 사비를 털어 출판을 진행하려 했습니다. 그러다 텀블벅의 가능성에 대해 생각하게 됐는데요. 텀블벅은 제작비를 모으는 기능뿐만 아니라 콘텐츠의 홍보 역할도 한다는 것에 집중했습니다.

처음엔 우리가 책을 만든다는 사실을 세상에 어떻게 알릴까 고민하다가, 그냥 한번 '밑져야 본전'이라는 생각으로 파주출판단지 곳곳에 대자보(A4 용지)를 붙였습니다. "필자 모집"이라고 적힌. 그걸 붙인 다음 날 필자들의 투고가 여러 건 들어왔죠. 오프라인 홍보의 위력을 실감한 순간이었습니다. 그래서 다음 호를 만들 때는 필자 및 후원자 모집 공고문을 합정역 파주출판도시 통근버스 정류장 및 각 출판사 출입구에 몰래(!) 붙여 둘까 합니다.

그렇게 대자보 홍보로 힘을 얻고, 우리가 제작하는 콘텐츠가 사람들에게 공감을 얻을 수 있겠다는 자신감도 획득했습니다. 그래서 텀블벅을 통해 제작비 펀딩과 콘텐츠 홍보를 동시에 해 보기로 했지요. 처음에는 펀딩 성공을 못 할까 봐 걱정도 했지만, 구성원 중에 기획안 작업의 달인이 계셔서 저희가 생각한 출판물의 방향성을 훌륭하게 정리해 주셨고, 그걸 보고 공감한 많은 분들 덕분에 성공할 수 있었습니다.

사실 텀블벅에서 어려웠던 것은 후원자분들께 어떤 리워드를 드릴 수 있을까 하는 부분이었어요. 당시만 해도 '굿즈'를 함께 드리는 것이 일반적었는데, 여기 더해서 저희는 오프라인 행사를 리워드 중 하나로 기획했습니다. '출판계에서의 퇴사'에 관심 있는 다양한 분들이 모여 각자의 어려움과 이를 해결할 방법에 대해 난장토론을 벌인 시간이었는데, 여기서 저희도 많은 힘을 얻었고 참여하신 분들도 '스트레스가 풀린다'며 즐거워하는 반응이었습니다. 또 2호의 주제를 '사람'으로 결정한 계기가 되기도 했습니다.

편앙 독립출판물로 제작되어 많은 사랑을 받고, 역으로(?) 기성출판으로 다시 나오는 일이 점점 잦아지고 있습니다(『죽고 싶지만 떡볶이는 먹고 싶어』, 『모든 동물은 섹스 후 우울해진다』 등). 독립출판 경험도 있으시고, 출판사에서 일도 하시는 만큼 이런 현상을 어떻게 보시는지 궁금합니다.

등スロス 이제는 '독립출판'이라는 개념이 모호해진 것 같아요. 그 어떤 기준을 내세워도 이 개념을 정확히 설명할 수 없지 않을까요? 예전에는 몇 가지 기준으로 개념화할 수 있었죠. 완성도가 조금 떨어지더라도 아마추어 개인의 힘으로 경제 자본에 구속되지 않고 소량으로 제작한 출판물. 하나씩 꼽아 보자면, 오히려 소위 기성출판물보다 완성도가 더 훌륭한 출판물이 숱하고, 아마추어라고 부르기엔 이미 한 분야의 셀럽이 된 크루들이 책을 만들고 있고, 1억 원이 넘는 모금액을 모은 책이 연달아 등장하고 있고, 초판 부수를 1만 부 넘게 찍은 독립출판물이 이미 여럿 있다고 들었습니다. 초판 부수 1만 부짜리 책을 독립출판이라고 부를 수 있을까요?

이제 남은 건 일종의 '진정성' 같은 것인데, 사실 그건 독립출판만의 조건이 아닌 모든 책 만드는 사람들의 마음가짐이니 그것만으로 독립출판을 규정할 순 없을 것 같아요. 출판의 본성이 돈이 되고 사람이 모이는 곳으로 흐르는 것이다 보니, 독립출판이라는 문화가 점점 성장할수록 자연 그쪽으로 자본이 유입되는 것 같습니다. 그리고 이제는 독립출판이라는 현상이 기성출판의 한 카테고리로 정착한 것 같고요.

제가 아는 출판사 편집자들은 이전에는 블로그와 인스타그램을 들여다봤는데, 어느 순간부터 텀블벅을 예의주시한다는 얘기를 해 주었습니다. 사실 제 개인적인 의견으로는 독립출판 하시는 분들이 기성출판을 통해 진출하고, 여기서 돈(자본)과 권력(작가적 유명세)을 얻게 되는 것을 나쁘게 보지는 않습니다.

다만 독립출판을 하는 당시 펀딩을 통해 독자에게 약속한 지점("한정판으로 만들겠다" "퀄리티를 보장하겠다" 등)은 반드시 지켜져야 한다고 생각합니다. 얼마 전에도 텀블벅에서 성공한 몇몇 독립출판물이 이런 지점 때문에 독자의 분노를 유발한 사건이 있었는데요. 창작자들은 이런 함정에 빠지지 않도록 조심해야 한다고 생각합니다.

편앙 요즘 읽는 책은 무엇인가요? 혹은 최근에 읽은 책 중 인상 깊었던 책이 있다면 소개해 주세요.

성기병 정세랑의 『옥상에서 만나요』(창비, 2018)를 재밌게 읽었습니다. 현실과 비현실을 넘나드는 소설집인데, 오히려 현실보다 더 생생하고 그럴싸합니다. 젠더를 기준으로 작가나 책의 성향을 규정하는 건 매우 위험한 일이지만, 공교롭게도 나이가 들수록 남성 중견작가들이 쓴 소설보다 그들보다 살짝 뒷세대의 여성 작가가 쓴 소설을 훨씬 더 재밌게 읽게 되더라고요. 정세랑의 『옥상에서 만나요』와 김혜진의 『딸에 대하여』(민음사, 2017)가 이러한 경향(?)을 스스로 인정하게끔 만든 결정적인 작품들이었습니다.

김유리 저는 이것저것 가리지 않고 읽는 편입니다. 책을 통해 어떤 영감을 얻어 제 행동이 변하기를 원하는 타입이라…… 좀 잡식성입니다.

요즘은 공간에 관심이 있어 『가치 있는 아파트 만들기』(반비, 2017), 『박철수의 거주 박물지』(집, 2017)를 보는 중인데, 아파트 생활이라는 삶의 방식이 사람들의 행동을 어떻게 규정하는지 살펴볼 수 있어 매우 흥미롭습니다. 더불어서 사노 요코의 에세이 『사는 게 뭐라고』(마음산책, 2015)를 읽고 있는데, 글쓰기에서 힘을 빼는 방법을 넌지시 알려 준다고나 할까, 매우 재밌게 읽고 있습니다.

구구즈　문보영 시인의 『사람을 미워하는 가장 다정한 방식』(쌤앤파커스, 2019)을 읽고 있습니다. 절반 정도 읽었는데 간결하면서 마음에 팟팟 꽂히는 게 재미있습니다. 작가의 표현 방식이나 색깔이 두드러져서 호불호가 갈릴 수 있겠지만 저는 이렇게 자기만의 색을 가진 작가의 글을 좋아합니다. 저자명을 가리고 읽어도 "이거 그 작가 글 아니야?"라는 말이 나오는 글이요.

성기병　'편앑'의 모토가 '편집자는 편집을 하지 않는다'로 알고 있습니다. 저는 이것을 '편집자는 (당신들이 생각하는) 편집을 하지 않는다'로 받아들였는데, 이런 해석에 대해 어떻게 생각하시는지요? 누군가에게 '편집'은 낭만적이고 예술적인 일의 영역이지만, 제게 편집이란 늘 해가 지기 전에 고구마를 다 뽑아내야만 하는 농부의 심정으로 상스러운 욕설을 내뱉으며 꾸역꾸역 해냈던 고된 노동이자 도무지 늘지 않는 고역이었습니다. 혹시 이런 억하심정으로 '편앑'이라는 타이틀을 지은 것인지요?

김윤우　'편집자는 편집을 하지 않는다'라는 모임명을 편앑 활동을 하는 사람들 모두 다르게 해석하고 있을 것입니다. 저는 '하지 않는다'라고 이야기할 때 의문이나 의심이 생겨날 수 있다고 생각합니다. 편집자가 편집을 하지 않는다면 무엇을 할까? 혹은 편집자가 하(지 않)는 편집은 무엇일까? 모임명을 듣거나 읽었을 때, 이런 질문들이 떠오른다면 좋겠다고 생각했어요.

조금 개인적인 이유도 있습니다. 현재 일하는 출판사의 책 판권면에 편집자의 이름이 들어가지 않거든요. 지금까지 제가 만든 책 중 판권면에 제 이름이 들어간 책이 한 권도 없답니다. 입사 초 인정 욕구가 엄청났을 때(지금도 아니라고는 하지 못하지만요) 조용한 불만이 있었지요. '나는 편집하지 않은 것인가?' 이런 질문을 스스로 던지기도 했었고요.

성기병　아무것도 없는 맨바닥에서 사람을 모으고 기획을 세우고 책을 만들고 행사를 준비하는 편앓의 노하우를 알려 주세요. 저희는 고작 책 두 권밖에 만들지 못한 비정형 출판 모임이지만, 앞으로는 기회가 된다면 더 많은 출판인들과 재미난 행사를 더 자주 기획하고 싶거든요.

김유리　저도 비슷한 질문인데요, 사실 회사라는 강제성이 없이 '어떤 일을 추진하는 원동력'을 얻기가 참 쉽지 않다고 요즘 느끼는 중입니다(그게 매우 좋아하는 일이라도 말이지요!). 편앓의 방식이 궁금합니다.

김윤우　편앓 활동을 하면서 회사에서는 못 하는 일을 한다는 일탈감, (ㅎㅈㅁㅈ팀처럼) 다른 사람들은 어떻게 일하고 회사 다니는지에 관한 궁금함(혹은 어떤 소외감), 우리가 만들고 싶은 대로 책·행사를 기획하고 만들어 낸다는 뿌듯함 등 여러 감정이 복잡하게 들었습니다(그중 일탈감이 가장 컸던 것 같아요……). 편앓을 하면 할수록 무엇보다도 '지속성'이 가장 중요하겠다는 생각도 많이 들고요. 그러나 사실 이것은 지다율 님의 특기입니다. 지다율 님?

지다율　예, 지다율은 다소 질척이는 사람입니다. 호기심이 많고, 일단 저질러 버리며, 생각(거의 후회)은 나중에, 오래 하는 편이지요. 그래서 사람을 만나고 일이 만들어지는 경우가 제법 있습니다. 하지만, 역시, 세상만사 좋은 경우만 일어나지는 않지요. 함께 일하기 어려운 사람도 물론 있고요, 기획단계에서 일이 멈춰 표류하기도 여러 번입니다. 그래도 계속하는 건, 그럴 수밖에 없는 건, 우리가 혼자가 아니니까요.

김유리 앞으로 편앓에서 어떤 활동을 해 나가게 되실지 궁금합니다. 편집자들이 트위터를 많이 사용하는 편인데, 혹시 트위터 홍보도 하시나요?

김윤우 트위터 계정(editorsdontedit)을 만든 지 얼마 되지 않았습니다. 트위터보다는 먼저 만든 인스타그램 계정(editors_dont_edit)을 좀 더 주력해서 관리하는 편입니다. 한 달에 한 번 누구나 참여할 수 있는 열린 회의, 세미나 혹은 북토크, 「편앓」의 입고 소식 등을 올리고요. 트위터에 책 좋아하는 분들이 참 많지요. 북에디터가 북(book)과 에디터(editor)에게 어떤 역할(org)을 하는지 알 수 없는 가운데, 말씀하신 대로 편집자들이 트위터를 많이 사용하면서 일종의 커뮤니티 역할을 하고 있는 것 같아서 참 흥미로워요. 어쩌다 다들 트위터에 모이게 되었을까요? (다른 소셜 미디어보다는) 텍스트 중심이라는 점, 빠른 타임라인 속도 등 트위터만의 특징이 있어서, 앞으로 계정을 어떻게 운영하면 좋을지 계속 고민 중입니다.

구구즈 앞으로 편앓에서 진행될 예정인 강의들이 궁금합니다. 살짝 귀띔해 주실 수 있나요? 다양한 출판 종사자들을 만나 이야기를 나눌 수 있는 자리가 있었으면 좋겠습니다.

김윤우 강의보다는 북토크(편집회의) 형식으로 여러 분들과 이야기를 나누는 자리를 몇 번 만들었는데요. '편앓' 혹은 「편앓」에 관해 이야기하기도 하고, 편집(자)이나 출판 혹은 책에 관해 이야기하기도 했어요. 작년 말에서 올해 초에는 독립비평 세미나를 열어 독립출판물에 관한 비평을 시도하기도 했습니다.

다음 주(5월 19일)에는 '비평을 둘러싼 입장들'이란 제목으로 대담을 열 예정입니다. '비평'이 무엇인지, 무엇일 수 있는지, 또 무엇이어야 하는지, 「크릿터」의 서효인 편집자와 '텍스트릿'의 이지용 평론가, 「오글리」의 김의환 제작자와 함께 이야기하는 자리입니다. 어떤 이야기들을 나눌지 기대하고 있어요.

성기병　2호 출간 후 수개월 뒤 다니던 회사를 그만두었습니다. 잡지의 제호와 동일한 사건이 벌어져 웃기기도 하고 슬프기도 하였습니다. 「퇴사의 이유」와는 별개의 또 다른 독립출판물을 출판하였는데, 해당 사실을 회사에서 알게 되어서 이른바 '징계위원회'에 불려 갔고, 약 1개월간 대표를 비롯한 수많은 상관들과의 면담 및 취조 등을 겪은 뒤 충동적으로 사표를 냈습니다. '나중에 「퇴사의 이유」 에피소드로 써먹어야겠다!'는 철딱서니 없는 생각을 하기도 했지만, 이후 약 6개월간 이어진 백수 생활을 겪으며 일터의 소중함을 뼈저리게 깨달았습니다(실제로 이 에피소드는 '독립출판 하다 걸려서 퇴사한 썰'이라는 제하의 기사로 「퇴사의 이유」 3호에 실으려 했으나 발행이 무기한 연기되며 컴퓨터 폴더 속 어딘가에 묻히게 되었습니다). 퇴사 후 두 곳의 회사를 거쳐 지금의 회사에 입사했고 현재 만으로 2년 6개월째 출근 중입니다. 이 '2년 6개월'이라는 시간은 제 직업 생애에서 일종의 순응기였다고 생각하며 앞으로 수년은 이러한 순응의 시간이 더 이어질 것이라고 예상됩니다. 아이러니컬하게도, 앞서 총 4개의 회사를 거친 약 5년의 시간 동안 방황과 부적응을 겪으며 「퇴사의 이유」 제작에 참여했고 그 결과 수년이 지나 2021년 현재 '출판노동자가 놓인 일의 조건'을 따지고 묻는 인터뷰에 참여하고 있지만, 정작 현재는 이른바 그 '조건'에 순응해 더 이상의 고민과 상상을 포기한 채 살아가고 있어 민망합니다.

구구즈　「퇴사의 이유」 2호가 출간된 후, 종종 주변 사람들에게 「퇴사의 이유」라는 독립출판물을 보았다는 소식을 접했습니다. 저 역시 서울의 유명한 동네서점에 방문할 때면 저희가 만든 책을 보기도 했고요. 기분이 이상했습니다. 출판사에서 직원으로서 만드는 책과는 느낌이 많이 달랐고, 좀 더 책임감을 가지고 만들어야겠다는 생각도 들었습니다. 그 이후로 4년, 저는 집을 옮기고 직장도 옮겼습니다. 생활권이 많이 달라졌습니다. 그래서인지 「퇴사의 이유」 1, 2호를 만들 때와는 마음가짐도 다릅니다. 어쩐지 무기력증에 가깝다고 해야 할까요, 조금은 쉬고 싶어졌습니다. 10여 년을 너무 열심히 달려온 것 같습니다.

김유리　저는 오래 다녔던 회사를 그만두었습니다. 그동안 콘텐츠 마케터로 일하면서 단행본 편집자를 겸했던 상황이라 퇴사 직전에는 업무가 몰려 건강이 매우 나빠진 상태였습니다. 사실 회사인으로 살아가면서 느낀 회의를 「퇴사의 이유」 1, 2호에 그야말로 쏟아 냈었는데요. 그래서 지금은 다른 곳으로 취업을 고민하기보다는 크리에이터의 삶이 궁금해 여러 가지 시도를 하고 있습니다. 마포출판문화진흥센터(PLATFORM P)에 창작자로 입주해 콘텐츠를 직접 만들고 있어요. 경의선숲길공원을 다루는 매거진 「Bench」를 제작하는 한편, 1인 가구를 위한 뉴스레터 「혼자놀기 대백과사전」을 매주 발행하는 중입니다. 글쓰기 소모임 '완결을 위한 글쓰기'에서 단편소설 습작도 하고 있고요. 한편으로는 먹고살아야 하니까(!) 외부 의뢰로 웹진 메뉴 기획이랑 초기 세팅 작업도 하고, 모 전자회사 홈페이지의 UX라이팅과 사용설명서 개선 작업을 하기도 했어요.

　사실 회사를 그만두기까지는 걱정도 많았고 어떤 조직에 소속되지 않는다는 것이 잘 상상이 안 되었어요. 매달 월급을 받지 않아도 먹고살 수 있는 걸까 고민도 됐고요. 하지만 막상 나와 보니 다양한 기회가 기다리고 있더군요. 그동안 회사 때문에 못했던 일들을 지금은 원하는 만큼 벌일 수 있어서 업무적으로도 성장하는 느낌이라 만족하고 있습니다.

2. 무려 4년 2개월간 '아무것도' 하지 않은 이유는 무엇인가요?

성기병　앞에서 말했듯이, '무언가를 더 이상 벌이지 않아도 된다'는 만족감(혹은 안일함)과 '더 중요한 것, 이를테면 본업에 집중하기 혹은 돈 등에 쓸 시간도 부족하다'는 초조함이 원인이었다고 생각합니다(이는 ㅎㅅㅁㅈ가 아닌 저 성기병의 개인적인 의견입니다). 「퇴사의 이유」 1호와 2호를 제작했을 당시만 해도 독립출판이라는 활동에 참여하고 있다는 사실은, 모르는 사람에게 나를 소개할 때 명함처럼 끼워 넣고 싶은 자부심이었지만 시간이 흐르고 일과 그 보상에 대한 만족감이 점차 커져 갈수록 '회사 밖에서 무언가를 하고 있다'는 감각은 점차 희미해져 갔습니다. 거칠게 말하자면 '바빴기 때문에'일 것이고, 좀 더 솔직하게 말하자면 '더 이상 그 행위가 필요하지 않았기 때문에'일 것입니다.

구구즈　편집자로서 더욱 성과를 내야 한다는 부담감에 개인적인 사교 활동이나 취미 생활을 거의 접은 시간이었습니다. 어떻게 보면 그 시간 동안 커리어를 쌓았지만, 다른 면에서는 내 자신과 멀어진 것 같습니다. 그래도 주기적으로 ㅎㅈㅁㅈ 멤버들을 만나서 독립출판물에 관한 이런저런 이야기를 나누면서 에너지를 충전하곤 했습니다. 새로운 채널에서의 ㅎㅈㅁㅈ 활동도 여러 번 시도해 봤습니다. 결론적으로 꾸준히 하진 못했지만 그동안 아무것도 하지 않았다고는 할 수 없습니다. 브레인스토밍을 꾸준히 했거든요!

김유리　제 개인적으로는 회사를 그만두면서 분노와 불만족이 사라졌기 때문에 「퇴사의 이유」 3호를 만들 동력이 조금 약해진 것이 아니었을까 싶어요. 그동안 모든 것을 회사 일에 쏟아붓느라 번아웃 상태였는데, 이 4년 2개월 동안 많은 것을 배우고 엄청나게 책을 읽어 대며 제 안에 뭔가를 채웠습니다. 심지어 바리스타 자격증 공부를 하고 짜맞춤 가구 제작 기술까지 배웠으니까 원 없이 충전했죠!

3. 「퇴사의 이유」 3호는 나오긴 나오나요? 만약 나온다면 어떤 모습일까요?

성기병　이른바 '순응기'를 거쳐 '인정기'에 접어든다면, 그리하여 본업 외에 시간을 할애할 수 있을 정도로 여유가 생긴다면 3호 발간의 가능성이 더욱 높아지리라 생각합니다. 혹은 과거 1호와 2호가 나왔을 때처럼, 일에 대한 방황과 고민이 누적되어 감당할 수 없을 지경에 이를 경우 느닷없이 3호가 출간될 수 있으리라 생각합니다. 「퇴사의 이유」 3호는 원제의 문제의식을 승계하되 '돈'(1호)이나 '인간'(2호) 등 특정 주제에 국한하지 않고 좀 더 광범위한 '퇴사의 이유'를 다루고 싶습니다. 더불어

이 3호를 끝으로 「퇴사의 이유」는 공식적으로 폐간을 선언하고 현장에 존재하는 출판 노동자들의 목소리를 있는 그대로 담아내면서도 발행자들의 개인사나 열정에 의존하지 않고도 시스템적으로 반영구적으로 유지, 확장될 수 있는 매체를 기획해 실현하고 싶습니다.

구구즈 「퇴사의 이유」 3호는 1, 2호와는 다른 모습으로 나올 것 같습니다. 출판사를 그만두고자 하는 이유를 설문한 적이 있었는데, '돈'과 '사람' 때문에 퇴사하는 것 외에는 더 좋은 회사로 이직해서 자아실현하고 싶은 마음에, 커리어를 위한 자기계발 때문에, 더 큰 꿈을 위해 등 추상적인 이유들이 많았습니다. 또 1, 2호와는 달리 긍정적인 메시지가 담겨 있었죠. 원고 수급에도 어려움이 있었습니다. 그래서 고민 끝에 조금은 다른 시선에서 우리만이 할 수 있는 출판사의 이야기를 해보자고 마음 먹었습니다. 그래서 여러 아이디어들이 나왔는데, 이것은 실제로 결과물로 보여 드리고 싶습니다. 형태는 꼭 종이 책이 아닐 수도 있습니다.

김유리 종종 출판 일을 하는 분들을 만나면 3호는 언제 나오냐는 얘기를 듣고, 또 펀딩으로 밀어 주겠다는 분들도 있었는데요. 「퇴사의 이유」 1, 2호에서 책을 만드는 다양한 사람들의 분노를 주로 다루었다면, 앞으로는 책을 만드는 보람이나 일하는 노하우, 그리고 출판인의 미래에 대해서도 짚어 보고 싶다는 생각을 했습니다. 앞의 다른 두 분이 언급한 대로 조만간 그 결과물을 여러분 앞에 내보이게 될 것 같아요.

4. ㅎㅈㅁㅈ를 벗어나, 성기병/구구즈/김유리가 개인적으로 하고 싶은 작업이 있다면? 혹은 하고 있는 작업이 있다면?

성기병 위의 답변과 연결하여, 구글 설문지 등 온라인 기반의 아카이빙 플랫폼을 기반으로 해 출판 노동의 기본 단위를 데이터화하는 작업을 수행하고 싶습니다. 연봉이나 급여 수준 등 가장 민감한 숫자부터, 개별 노동자가 일을 하는 방식에 이르기까지 아주 디테일하고 실질적인 정보를 누적하는 작업을 하고 싶습니다. 또한 익명의 편집 노동자들을 대상으로 아주 짧은 분량의 인터뷰를 비대면으로 진행해 그 인터뷰 기사를 메일링 구독 서비스를 통해 다시 개별 편집 노동자들(구독자)에게 공유하는 시스템을 구축해 보고 싶습니다. 나와 같은 일을 하는, 그러나 다른 시공간에 존재하는 편집자들의 일과 일상의 미시사가 늘 궁금합니다.

구구즈 저는 출판물을 기획하고 편집하는 한 개인의 일상을 별다른 꾸밈없이 사람들과 공유하고 싶습니다. 그것이 영상이라면 더욱 좋을 것 같습니다. 예전부터 영상물에 대한 욕심 같은 게 있었는데, 아직은 여러 이유들로 개인 채널에 짤막한 일상 영상을 올리는 데 그치고 있지만, 꼭 영상물로 나의 시간들을 남기고 싶습니다. 일하면 일할수록 언제 이 업계를 떠나게 될지 모른다는 생각이 많이 들거든요. ㅎㅈㅁㅈ 멤버들과 함께 해도 좋을 것 같습니다.

김유리 꽤 오랫동안 종이를 기반으로 한 콘텐츠를 만들어 오면서 어느 정도 경험치도 얻었고 애정도 갖게 되었지만, 지금은 종이가 아닌 다른 매체에 콘텐츠를 쌓는 작업을 하고 싶어요. 뉴스레터 「혼자놀기 대백과사전」을 발행하는 것도 그런 맥락인데요. 사실 종이 콘텐츠를 만들 때는 '독자'가 저 먼 어딘가에 있는 분들이어서 막막했거든요. 반면 뉴스레터를 발행하면서는 구독자가 제 콘텐츠의 지지자이자 가장 먼저 피드백을 주는 분들이라 실체가 있다는 것이 좋더라고요. 앞으로 뉴스레터를 통해 콘텐츠 플랫폼을 구축하는 작업이 저의 주된 일이 될 것 같습니다. 그러면서 출판인을 당사자의 입장에서 들여다보는 ㅎㅈㅁㅈ의 작업도 병행해 나갈 거고요.

5. 「퇴사의 이유」가 세상에 처음 나온 때가 2016년인데, 5년 전과 지금, 출판계가 바뀐 게 있나요? 바뀐 게 있다면 무엇이 바뀌었다고 생각하나요?

성기병 같은 출판계에 종사한다고 할지라도, 어떤 회사에 다니냐에 따라, 그리고 어떤 구성원들과 함께 일하냐에 따라 일터의 컨디션이 너무나 차이가 나는 분야인지라 단순히 평가하기엔 무리가 있다고 봅니다. 또한 서로의 일에 대해 소통할 수 있는 매체가 협소하고 근무 환경 자체가 같은 회사 안에서도 극도로 단절된 경우가 많아 한 사람이 보고 느끼는 경험 세계만으로 변화의 양상을 유추하는 것은 매우 어렵다고 생각합니다. 다만 최근 '연봉 공개 설문지'에 달린 여러 코멘트를 통해 알 수 있듯이, 우리 일터가 지닌 문제점이 무엇인지, 내가 누리지 못하는 권리가 무엇인지 등에 대해 예전보다는 좀 더 인지하게 되었다고 생각합니다. 그것에 「퇴사의 이유」가 일조했는지는 알 수 없습니다만, ㅎㅈㅁㅈ가 앞으로 그러한 변화에 긍정적인 영향을 미칠 수 있는 활동을 해나가길 바랍니다.

구구즈 그동안 수십 년간 껴안아 온 문제들을 하나씩 직면해 나가고 있다고 생각합니다. 최근 화제가 되었던 모 작가 인세 미지급 사건에서부터 몇 년 전에 업로드된 출판계 연봉 실태, 모 출판사에서 인세 공개 시스템을 만들어 뉴스거리가 되었던 것, 송인서적의 부도, 도서정가제에 반대하는 수많은 사람들의 청원……. 이런 문제들을 하나씩 투명하게 해결해 나가야 독자들이 출판계를 떠나지 않을 것 같습니다. 사람들이 책을 많이 사주고 읽어 주길 원한다면 책을 만들고 파는 사람들부터 먼저 이 업계의 문제점들을 바꿔 나가야 한다고 생각합니다. 저희가 꼭 활동을 멈추지 않고 이어 나가서, 미래에 출판 일을 하고 싶은 사람들에게 작은 도움이라도 되기를 바랍니다.

김유리 약간 다른 관점에서, 책이 점점 팬시 상품화되어 가는 모습을 관심 있게 보는 중입니다. 최근에는 자기계발서나 경제·경영 분야 책들까지도 이런 경향에서 자유롭지 못한 것을 종종 목격합니다. 아름다운 표지의 감각적인 책들을 큐레이팅하는 서점이 많아진 것도 사실이고요. 다른 매체와 경쟁해서 살아남기 위해 출판도 자기를 계속 바꾸어 나가야 하는 거겠지만, 이런 변화들을 예의주시하고 기록할 필요가 있다고 봅니다. ㅎㅈㅁㅈ에서 저희가 해나갈 작업들도 이런 관찰자의 시각을 꾸준히 담아내게 될 것이고요.

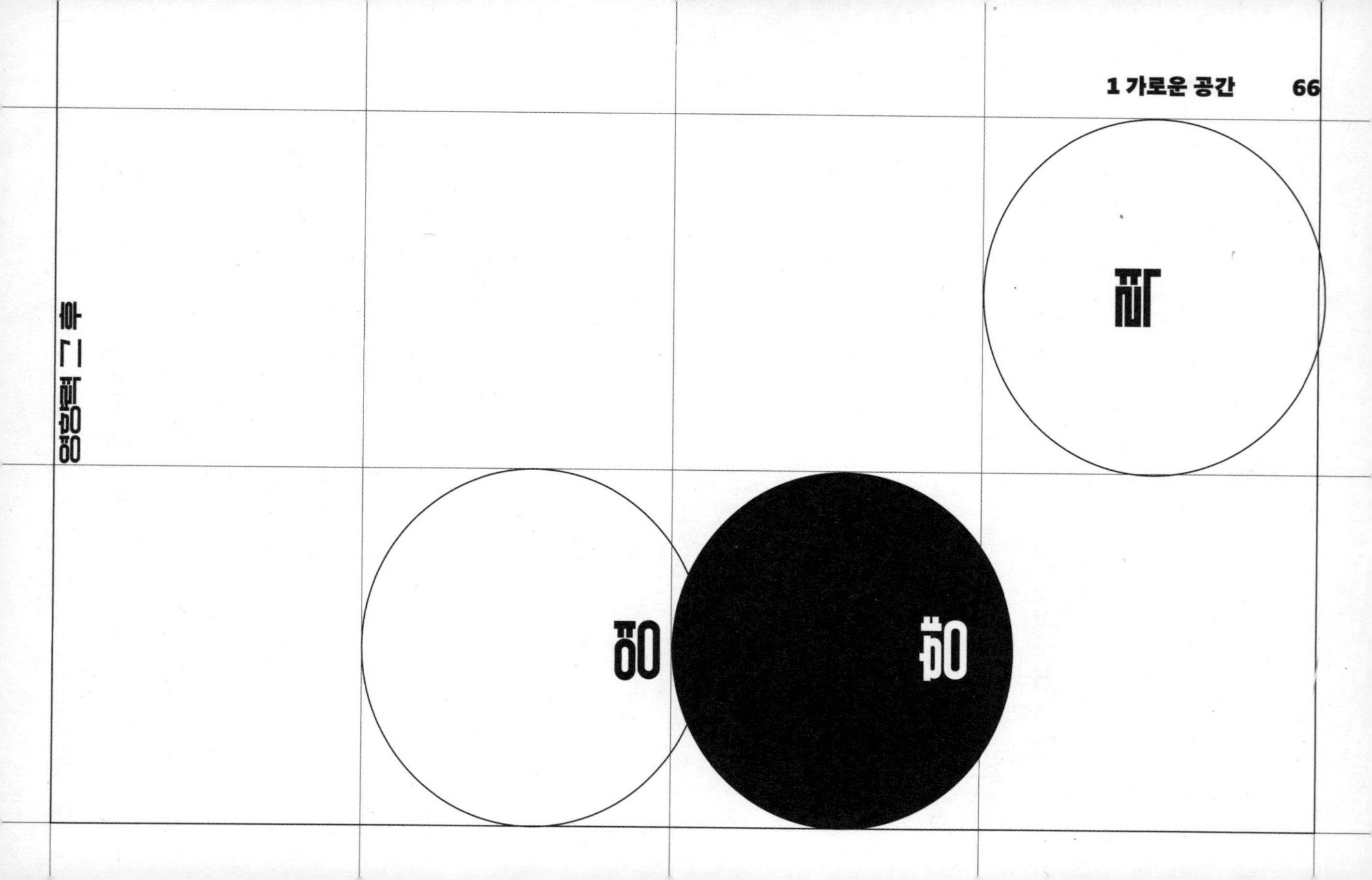

영향력 그 후
1 가로운 공간   66
영
향
력

세로운 시간	2018년 3월 3일, 2019년 11월 8일, 17일, 28일, 12월 7일, 25일, 31일
가로운 공간	각자의 집, 슬런치팩토리, 이리까페
교차한 우리들	「영향력」의 김정애와 은미향, 편앞의 김윤우와 지다율

'밤의출항'과 각 편집인, 그리고 「영향력」 소개를 부탁드립니다.

안녕하세요. 「영향력」 편집인 김정애입니다. 「영향력」을 만들며 (「영향력」 출간에 맞춰 겨우) 시를 쓰고 있어요. 편집인이자 한 가정의 엄마로, 아내로, 시급제 파트타임 노동자로 살고 있습니다.

「영향력」은 키친테이블라이팅 계간 문예지입니다. 누군가 작가라고 호명해 주지 않으면, 권위 있는 상을 받지 않으면, 매일 글을 쓴다 하더라도 작품을 발표하기 어렵고, 스스로 작가라고 부르기 주저하는 사람들에게 '키친테이블라이터'라고 이름을 부르며 안부를 건넵니다. 그리고 그런 키친테이블라이터의 글을 투고받아 독립출판의 형태로 발행하는 문예지입니다.

「영향력」은 5호까지 따로 출판사 없이 출간했는데 6호부터는 '밤의출항'이라는 소규모 출판사를 통해 발행했어요. '밤의출항'이라는 이름은 은미향 님이 깜깜한 밤, 작은 선착장에서 배를 묶어 둔 밧줄을 푸는 사람의 이미지를 떠올리고 지은 이름입니다. 배를 띄우고, 배에 오르고 항해를 시작해 얼마나 멀리, 오래 머물지 잘 모르지만 그 사람의 모습이 우리가 '키친테이블라이터'라고 부르는 사람들처럼 느껴져서요.

2016년 2월, 「영향력」 창간호가 출간되었습니다. 유명 작가의 표절 논란, 문단 내 성폭력 문제 등이 터져 나왔고, '일급' 문예지들의 폐간과

신생 문예지의 탄생, 그리고 기존 문예지의 혁신이 동시다발적으로 일어나던 시기입니다. 창간호 출간 텀블벅 스토리에서, "「영향력」은 전통 문예지를 지향합니다"라고 하셨습니다. 문예지를 평소에 읽으셨나요? 문예지에서 느낀 어떤 갈증이 있었나요? 혹은 어떤 저항하는 마음이 있었는지요? 「영향력」의 첫 마음이 궁금합니다.

저는 1호에 작가로 참여했고, 2호부터 편집인으로 참여했습니다. 작가로 참여하고 독자로 읽은 처음 「영향력」은 기존 문예지와는 다르게 가깝게 느껴졌는데, 제가 작가로 참여하지 않았더라도 아마 그렇게 느꼈을 것 같아요. 지면 가득 채운 글자들을 쏟아낸 사람들이 '나와 같은 사람'이라는 생각 때문에요.

열린 회의를 마치고 은미향 님을 만나기로 한 식당까지 걸었다. 상수역 4번 출구 아래. 한 번도 가 본 적 없는 곳이었다. 사람이 별로 없어 한산하고 고요했다. 주택만 늘어선 좁은 골목을 걸으며 이런 곳에 정말 식당이 있을지 조금씩 의심스러웠을 때, 식당이 나타났다. 페스코, 락토, 오보, 비건까지 단계별로 채식 메뉴를 제공하는 식당이었다. 각자 메뉴 하나와 맥주 한 잔을 주문했다.

"
채식을 시작한 지는 얼마 되지 않았어요. 오랫동안 생각은 해 왔는데, 『아무튼, 비건』을 읽고 결심했어요. 그 전으로는 돌아갈 수가 없더라고요.
"

김윤우는 채식을 하게 될까 봐 채식을 안 한다고 했다. *살아 있을 때의 모습이 남은 음식은 먹기가 힘든데 사실 이게 비겁한 거죠.*

은미향 님은 2018년 3월, '시시때때 특별활동'에서 만난 적이 있었다. 우리는 안부를 주고받으며 그때 다니던 회사를 여전히 다니느냐 서로 물었다.

> 라디오 작가로 일했고, 이후로 이직을 자주 한 편이에요. 지금 다니는 회사가 이런저런 일이 있었지만 가장 오래 다닌 회사가 되었네요.

은미향 님의 맥주는 천천히 줄어들었다. 지다율은 이미 한 잔을 다 마셨다.

2017년 4월 「영향력」 5호가 발간되었고, 같은 해 7월 6호가 발간되었습니다. 3개월 만에 텀블벅 스토리의 톤이 확연히 달라졌음을 느꼈습니다. 무언가 단단해졌다고 할까요? 6호 텀블벅 스토리를 "시작부터 대놓고 누적 적자를 계산해 본다"라고 시작한 점도 인상적이었습니다. 9호 발행 즈음 밝히셨지만, '밤의출항' 출판사를 등록한 것도 이 무렵이지요. 일련의 흐름이 '밤의출항' 편집진의 어떤 분기점으로 읽혔습니다. 당시의 고민과 감정이 궁금합니다.

「영향력」을 맨 처음 기획해서 미향 님과 창간호를 만드신 분이 4호까지 하고 그만두게 되었어요. 5호 준비를 시작하려던 참이었어요. 당황스럽기도 했고 걱정도 되고 여러 감정이 오갔던 것 같아요. 더 단단해져야겠다, 더 좋은 책을 만들어야겠다는 생각이 필연적으로 따라왔고요.

처음에 「영향력」을 만들 때 두 분이 '적어도 4호까지, 사계절은 책을 만들자'는 마음으로 시작하셨다고 들었어요. 그렇게 일 년이라는 사이클을 돌아 발행인 한 명이 빠지는 상황에서 남은 우리 두 사람은 지난 시간을 돌아보며 앞으로의 「영향력」을 구체적으로 그려 보고 설계할 수밖에 없었던 시간이었던 것 같아요. 그래서 예전부터 생각해 오던 출판사의 형태를 조금 더 구체적으로 고민하게 되었고, 상의 끝에 '밤의출항'을 출판사로 등록했어요.

　미향 님과 저 둘이서 처음 만든 책은 5호지만 원고 모집부터가 책의 시작이라고 보면 본격적인 새 출발은 6호로 봐도 무방할 것 같네요. 그런 상황을 거친 후, 저희도 미처 알아채지 못한 결연한 의지들을 읽어주서서 감사합니다.

> **"** 제가 술이 센 편은 아닌데 굉장히 천천히 마시는 편이에요. 그래서 술자리에서도 늦게까지 안 취하고 남아 있어요. 다른 사람들이 보기에는 술이 엄청 세 보일 텐데, 아니고, 천천히 마시는 편. **"**

그러고 보니 그때, '시시때때 특별활동'에서 「영향력」과 「편않」은 독립문예지로 함께 소개를 부탁받았다. 마이크를 잡은 지다율은 다소 긴장한 표정으로 *「편않」은 문예지가 아닙니다*라고 했다. 그게 벌써 2년 전이었다. 「영향력」은 이미 그때 창간호를 발행(2016년 2월)하고도 2년이 지난 시기였고, 「편않」은 0호를 막 발행(2018년 1월)했을 때였다. 약 4년간 「영향력」은 총 12호(2019년 11월)까지 발행되었고, 13호를 마지막으로 마무리를 짓는다. *그런데 왜 12호, 그리고 13호인가요?*

살펴보면 12라는 숫자가 우리 주변에 굉장히 많아요. 특히, 시간에서 12 진법을 많이 쓰잖아요. 시간이나 달[月]도 열둘로 나누고, 동양에 12간지가 있고 서양에는 별자리가 12개로 나뉘죠. 그래서 13호의 의미에 12까지의 사이클이 모두 마무리되고, 마지막을 한 번 더 연다는 의미를 담고 싶었어요. 12로 끝나는 것이 아니라 새롭게 시작하는 12+1의 의미로요. **"**

그냥 조용히 폐간 혹은 휴간을 할 수도 있었을 텐데, "투고로 만드는 마지막 「영향력」"이라고 마지막을 선언하는 모습이 인상적이었어요. 마지막에 관해 묻는 것은 쉽지 않은 일이다(사실 현재 이 원고를 쓰고 있는 김윤우는 이런 발언을 실제로 했는지 기억이 전혀 나지 않는다).

「영향력」 10호 "오늘은 사랑해"라는 글에서 은미향 선생님은 「영향력」을 만드는 선생님의 본심이 별로 싱싱하거나 신선하지 않음을 고백하셨습니다. 저희 '편않'도(적어도 저, 지다율은…) 그럴 때가 종종, 아니 요즘엔 자주 있어서, 마음이 아팠어요…. 현재 투고로 만드는 마지막 「영향력」 12호를 준비 중이시고, 13호를 끝으로 「영향력」의 활동을 맺으시려는 것으로 압니다. 13호는 어떻게 이뤄질지, 살짝만이라도 알려 주세요.

12호까지 투고를 기반으로 「영향력」을 만들었습니다. 작가 풀이 어느 정도 형성됐다고 생각한 4호부터 기존 「영향력」 작가들에게 주제를 정해 청탁을 드려 투고+특집으로 지면을 꾸렸어요. 13호는 기존 작가들에게 청탁을 드려 만들려고 합니다. 기존 「영향력」 작가들의 작품만으로 채워질 거예요.

그리고 (지다율) 개인적으로는 13이라는 숫자의 의미가 궁금했습니다. '13인의 아해'가 질주하는 이미지가 떠올랐고요. 어쩌면 그것은 예정된 것이었을까요? 발행인들께서는 이를 예감하셨는지, 아니면 이를 어떻게 받아들이셨(시)는지 알고 싶어요.

「영향력」은 두 사람이 만들고 있어요. 혼자서는 할 수 없는 일이에요. (하려면 할 수도 있겠지만 적어도 저희는 그럴 수 없다는 것을 서로 너무 잘 알아요.) 그래서 고민을 많이 했어요. 왜냐하면 「영향력」 발행인·편집인을 지속할 수 없을 것 같다는 생각이 마침내 들고 말았거든요. 그래서 미향 님께 말씀을 드렸어요. 10호가 출간되고, 단행본 『우리는 우리가 읽는 만큼 기억될 것이다』가 출간되고, 11호 준비를 앞둔 시점이었어요. 마지막을 함께 고민했고 원고 모집 공고가 나간, 복간본 시리즈가 끝나는 12호를 잠정적으로 마지막 호로 정해 두었어요.

그런데 아무래도 받아들이는 입장에서는 또 다른 복잡한 심경과 아쉬움이 많이 크셨을 것 같아요. 그래서 미향 님이 13호를 제안하셨어요. 에필로그처럼 폐간호를 만들자고. 그리고 질문하신 것처럼 미향 님은 13이라는 숫자에 의미를 두신 것 같아요. 저는 13이라는 숫자에 의미를 두었다기보다 제가 「영향력」 '마지막'의 처음 문을 열었다면 미향 님이 '마지막'의 마시막을 기획하시는 것에 따르고 싶었어요.

＂
김정애 님이랑 정말 잘 맞았어요. 2호부터 김정애 님과 같이 「영향력」을 만들었는데, 정말 서로 편하고 잘 맞았어요. 성격이 다른 부분이 있는데 제가 이것저것 일을 만들면 정애 님이 잘 정리해 주셨죠. 그런데 11호 준비를 앞뒀을 무렵, 정애 님이 영향력을 계속하기 어렵겠다고 먼저 말했어요. 그리고 저도 자연스럽게 「영향력」의 마지막을 생각했죠. 혼자서 하거나 새로운 사람을 찾아서 계속 이어 나가기보다는, 함께 마무리를 준비해야겠다고….
＂

은미향 님은 김정애 님이 답변한 서면 인터뷰의 질문들이 인상적이었다고 불쑥 말했다. 짧지 않은 기간 동안 「영향력」을 만들던 추억을 더듬게 되었다고.

＂
독립문예지를 발행하는 분들과 만나는 자리가 있었는데, 고료에 관한 이야기를 나눴을 때 큰 충격을 받았어요. 「영향력」은 한 번도 지원금 사업에 신청한 경험 자체가 없었어요. 제작비 정도를 텀블벅 후원을 통해 마련해 왔고요. 그래서 고료는 정말 최소한의 성의 표시라고밖에 할 수 없는 수준이었어요. 그런데 다른 독립문예지들의 고료 수준을 들어 보니 「영향력」 제작비를 훨씬 웃도는 거예요. 고료만으로요. 개인적으로 큰 충격을 받았던 게 기억나요. 물론 어딘가에서 지원금을 받아 고료를 충당했다면, 그 지원금이 끊겼을 때 같은 수준의 고료를 유지하기가 어려웠을 거고 「영향력」을 지속하기도 어려웠겠죠. 차츰 고료를 올리기는 했지만 많은 고민을 하게 된 계기이기도 했어요.
＂

그동안 마지막을 딱히 예감하거나 염두에 두며 「영향력」을 만들지는 않았어요. 막연하게 언젠가는 끝이 나겠지 싶은 정도였고 하루하루 최선을 다하는 기분으로 만들었어요. 그러다 보니 오히려 분명하게 다가오는 마지막을 직감할 수 있었어요.

발행인이자 편집인으로서, 어떤 가오(각오 아니고 가오 맞습니다…)로 임해 오셨나요.

어떤 액션은 취했겠지만 가오를 드러낼 일도, 드러낼 이유도 없었던 것 같아요.

특별히 신경 쓴 부분이 있다면 바로 '균형'이에요. 「영향력」 편집인으로 책을 만들고 시를 쓰는 저는 꼭 필요하고 중요한 정체성이었어요. 동시에 엄마라는 정체성과 파트타이머로 노동하는 사람으로서의 정체성도 소중했어요. 여러 '나'들이 조화롭게 어우러져 삶이 지속되길 바랐어요. 치열하게 이뤄지는 그 조화로움이 저를 행복하게 했거든요.

「영향력」은 매 호 제작 과정에 '편집진의 편집 및 의견 전달'과 '작가분과의 의견 교환 및 수정' 단계를 둡니다. 투고를 하면 「영향력」 편집인이 함께 읽고, 그 작품을 「영향력」에 싣고 싶은지 아닌지를 고민한다고도 하셨는데요. 이는 일종의 '편집'이 들어간다고 볼 수 있겠습니다. 편집을 할 때 어떤 질문을 가장 중점에 두시는지요? 「영향력」의 정체성을 결정하는 편집 방침이나 방향이 있는지요? 「영향력」에게 편집이란 무엇일까요?

질문에 대한 모든 답은 '진심'이 아닐까 해요. 진심이 잘 전달된 글인가. 편집하는 내가 진심으로 이 글을 대하고 있는가. 독자에게 진심이 잘 전달될까. 제가 편집에 관해 이러저러하다는 말을 할 자격은 없지만 편집자는 작품이 지면에 나오기 전 마주하는 최초의 독자인 만큼 반가운 마음으로 기쁘게 읽는 것에서 편집이 시작되는 것 같아요.

> 제작만큼 물류도 쉽지 않았어요. 「영향력」 발행 부수가 따로 물류창고를 마련할 정도는 아니어서 그냥 집에 있는 방 하나를 창고처럼 썼어요.

「영향력」은 매호 투고를 받는다. 조심스럽게 투고로 들어오는 원고의 양을 물었을 때 예상을 뛰어넘는 숫자라 김윤우와 지다율은 놀랄 수밖에 없었다. 편집자 그리고 발행인으로서 원고를 살피시잖아요. 이에 대한 저자들의 반응은 어떤가요?

> 불편하게 느낀 분도 한두 분 계셨던 거 같지만, 대부분 작가님들이 다 고맙다고 하시더라고요. 글을 오래 써 왔다고 해도 상세한 피드백을 받는 경험이 많지는 않았던 것 같았어요.

또, 두 분은 소설과 시를 쓰는 작가기도 하시잖아요. 작가로서 편집자를 겪은 경험은 있으신가요?

"사실 많이 없어요. 제 글을 가장 깊게 읽어 주시는 분은 정애 님이시죠. 그리고 어머니. 그리고 몇몇 친구가 있어요."

식사가 끝났다. 어느새 식당에는 사람들이 꽤 많이 들어와 식사를 하고 있었다. 지다율은 시간이 괜찮다면 근처에서 차 한잔하자고 제안했다. 식당에서 멀지 않은 곳에 멋진 카페가 있었다. 말로만 듣던 이리까페였다. 잡지 「월간이리」를 비치했던.

저는 편집자로서 관련 경력이 있는 것도 아니고 특출하게 글을 잘 쓰는 것도 아니에요. 그런 제가 「영향력」의 편집자로 있으면서 초반에는 조심스러운 부분도 많아 마음이 무거웠어요. 그렇지만 미향 님이 계셔서 지금은 처음보다는 조금 편안한 마음으로 편집해요. 정말 귀신처럼 어색한 표현이나 비문을 골라 논리적인 설명과 함께 조금 더 나은 텍스트로 변모시켜요. 그래서 저는 제가 할 수 있는 것에 집중하려고 했어요. 물론 이 부분은 미향 님도 중점을 두시는 부분일 것 같은데요. 그냥 진심으로 작품을 읽고 또 읽어요. 이 '진심'이란 게 애매하고, 다른 편집자는 진심으로 읽지 않는다는 표현은 아니고요. 제가 할 수 있는 선에서 열심히 읽고 고민해요. 그게 다는 아니지만 창간호 작가로 참여했을 때, 누군가가 내가 쓴 글을 깊이 들여다본다는 사실이 그동안 홀로 써 왔던 저 자신에게 가장 큰 격려이자 계속 글을 쓰는 원동력이 되기도 했거든요. 실제로 편집본을 보내 드리면 그런 피드백을 많이 해 주세요. 꼼꼼하게 봐 주셔서 고맙다고, 자신의 글을 이렇게 열심히 봐 주셔서 고맙다고.

두 분께서는 꾸준히 글을 발표해 오신 작가이시기도 합니다. 앞으로 개인적인 집필에 더욱 열중하실 것으로 예상되는데요. 어떤 글은 쓰기 싫으세요?

저는 태생적으로 게으른 건지 솔직하게 말씀드리면 시 외에는 공식적인 어떤 글도 쓰기 싫어요. … 그렇지만 시를 쓰는 사람으로 살기 위해서 이런저런 글도 써야 한다면 써야겠지요. 감사하게도 '고스트북스×샌드위치페이퍼'에서 발행하는 「미미매거진」에 에세이나 칼럼 등을 청탁받아 몇 번의 원고를 쓴 적이 있어요. 청탁받은 것에 너무 기쁘면서도 쓰는 게 두려웠어요. 그런데 그건 싫다기보다는 나의 한계를 아는 내가 그 한계를 벗어나기 위한, 조금 더 잘 쓰고 싶은 몸부림이란 걸 알아요. 조금 더 즐기며 글을 쓰고 싶은데 그건 욕심일까요? 만약에 정말 시를 잘 쓰게 되어서 누군가가 제가 쓴 시를 읽고 저를 궁금해한다면, 제가 쓴 시를 읽고 저를 알게 되는 때가 온다면, 정말 시만 쓰고 싶어요.

무엇보다 쓰면 안 되는 글과 쓰기 싫은 글을 잘 구분하며 쓰고 싶어요.

> **"**
> 이 동네 오면 항상 가는 코스예요.
> 이 식당에서 밥 먹고, 이 카페에서
> 차 한잔하고. **"**

그러나 우리는 차를 마시지 않았다. 메뉴판에는 뱅쇼가 있었고, 우리는 모두 뱅쇼를 한 잔씩 주문했다. 책과 레코드가 빽빽이 꽂힌 책장이 있었다. 벽에는 예술가들의 흑백사진이 나란히 걸려 있었다. 김윤우는 아는 얼굴보다 모르는 얼굴이 많았다. 그러나 은미향 님과 지다율은 한 명 한 명의 이름을 불렀다. *윤동주, 기형도, 노무현, 랭보⋯⋯*(나머지는 몰라서 못 적는다). 죄다 남자였는데(적어도 외관상으로는), 프레임을 꽉 채운 긴 얼굴이 눈에 들어왔다.

> "하나도 안 유명한 사람이라서 저기 걸려 있는 게 의외였는데, 안토니 앤 더 존슨즈라는 뮤지션이에요. 남자로 태어났지만 지금은 여성으로서의 삶을 살고 있죠. 음악도 좋아요."

지다율은 어려운 이름을 몇 번이고 확인했고, 꼭 들어 보겠다며 그 이름을 메모해 두었지만, 아직까지는 듣지 않았다. 어쩌면 영영. (나중에 검색해 보니 그 사진의 주인공이 엘리엇 스미스라는 게시물이 몇 있었는데, 음악을 잘 듣지 않는 지다율에겐 역시나 처음 듣는 이름이었고, 역시나 그래도 상관없었다.) 뱅쇼는 머그에 나왔다. 올해 첫 뱅쇼였고 아주 진했다.

> "요즘에는 스쿼시를 하는데 정말 좋아요. 시간을 꼭 비워 두고 챙겨 가는 편이에요."

독립출판 씬에서도 문예지(또는 문학잡지)를 표방하는 시도들이 많이 보입니다. 혹시 특별히 눈여겨보시는 독립문예지가 있다면 소개해 주세요.

다양한 문예지가 많이 나오는 게 반갑고 있는 힘을 바닥부터 끌어 모아 응원해 주고 싶어요. 그런데 폐간호를 앞두고 있으니 이미 폐간 혹은 휴간한 독립지 생각이 많이 나요. 「영향력」 초기에 함께 활동했던 「더 멀리」, 「소녀문학」, 「젤리와 만년필」. 그리고 독립문예지는 아니지만 「뭐뭐링」도 꼭 챙겨 읽었던 잡지예요. 폐간호를 내고 나면 천천히 살펴볼까 해요. 투고도 해보고요.

요즘 읽는 책은 무엇인가요? 혹은 최근에 읽은 책 중 인상 깊었던 책이 있다면 소개해 주세요.

최근에 완독한 책은 최진영 작가의 『이제야 언니에게』, 『해가 지는 곳으로』 두 권이에요. 제가 사는 지역에 있는 서점 '책방이층'에서 최진영 작가의 북토크가 있었는데요. 개인 사정으로 참석하지 못했어요. 아쉬운 마음으로 혼자 책을 읽기 시작했고 짧은 숨을 몰아쉬어 가며 읽었어요. 누군가는 두 책의 이야기가 자신의 이야기가 아니라고, 아주 멀리 있는 얘기라고 할지도 모르겠어요. 그런데 제 발치까지 바짝 따라온 지금과, 저와 전혀 무관하지 않은 이야기였어요.

저는 생각하지도 못할, 쓰지 못할 글을 쓰는 작가들을 보면 예전에는 거기에 제가 낄 틈이 전혀 없어 보였어요. 그런데 지금은 그런 글들을 읽으면 각자의 시선이 너무나 다양해서, 그렇지만 어딘가에서 부딪히는 지점이 누구에게나 있어서 '내 시선도 던져 보아도 되겠다. 나도 열심히 써도 되겠다'는 위안 같은 게 생겨요.

이리까페는 이상한 곳이었다. 함께 식사했던 채식 식당보다 사람이 더 많았고 대부분 대화를 나누고 있었으나 그 소리가 울리지 않았다. 음악 소리도 크지 않았다. 크게 목소리를 높이지 않아도 전달되고 전달받는 곳이었다.

"내일은 중요한 콘서트가 있습니다."

진지한 표정이었다. 그 중요한 콘서트에 간다는 주변의 친구 얘기와 이리까페 냅킨에 그려진 작은 그림과 이성복 시인과 오래전 학교를 다니던 때와 지나간 직장들과……

카페를 나와 지하철역까지 함께 걸었다. 건조했고 가끔 바람이 부는 겨울날이었다. 합정역은 집에 돌아가려는 사람으로 가득했다. 우리는 사람들 틈으로 스며들었다. 모든 것이 자연스러웠다.

아직 일 년이 채 안 됐다니.

엠은 생각했다.

벌써 몇 년은 지난 것 같은데.

엠에게는 그 사이에 많은 변화가 있었다.

두 명의 고양이와 함께 살기 시작했고, 서울 성동구 성수동에서 경기도 광주시 오포읍으로 이사했다.

먼저 두 명의 고양이로 말하자면 모녀 관계로, 다른 사람의 집에서 살다가 파양되어 엠에게 오게 됐다. 엄마 고양이인 밀히는 길에서 네 명의 아기를 낳았다. (혹은 그 이상?) 그러다 아기들만 구조하여 입양 보내려던 한 캣대디에게 발견되었고, 종이 상자에 담긴 채 엄마 밀히와 떨어질 운명에 처한 아기 고양이들의 뒤를 밀히가 울면서 끝까지 따라와서 함께 구조됐다고 한다. 그 후 밀히가 낳은 아기 넷 중 셋은 각각 혼자, 그리고 같이 입양을 갔다. 그중 밀히에게 가장 애착을 보였던 아기 근히는 함께 한 부부에게 동반입양 됐다고 한다. 그러나 그 부부에게 예상치 못하게, 혹은 의도치 않게, 아기가 생겼고, 부부는 아기를 위해(?) 밀히와 근히의 파양을 결정했다. 밀히와 근히는 그동안 베란다에 갇혀 지내다가 엠에게 오게 됐다.

엠이 입양문의를 보내기 전까지 밀히와 근히의 입양문의는 단 한

건도 없었다고 한다. 당시 이미 세 살, 두 살의 성묘였고, 성묘 둘을 동반 입양 하는 사람은 흔치 않다고 한다. 그러나 엠은 고양이와 함께 살기로 마음먹었을 때부터 성묘 둘을 동반입양 하겠다고 생각했었다. 혼자인 엠이 집을 비우는 동안 둘이 서로 의지했으면 좋겠다고 생각했고, 고양이와 살아 본 경험이 없으므로 더 신중하게 잘 돌보아야 하는 아기 고양이를 섣불리 데려오는 것은 자신이 없었다.

입양 절차는 까다로웠지만 일사천리로 진행됐다. 하루 종일 베란다에서만 지내야 하는 고양이 둘을, 구조자는 오래 두고 보기 어려웠던 것 같다. 고양이와 함께 살아본 경험도 없고, 알레르기까지 있(었지만 최근 채식을 하며 많이 좋아졌)다고 고백한 엠의 집으로 바로 다음 날 각종 고양이 물건들과 밀히, 그리고 근히가 왔다.

길에서 일 년 정도를 살다 출산하고 사람과 살게 된 밀히는 사람의 손을 타지 않는 고양이였다. 근히는 태어나자마자 사람을 겪었으므로 사람의 손을 타기는 하지만, 태어나서 처음으로 다른 사람과 살게 된 상황이었다. 밀히가 은둔 생활을 끝내고 엠과 같은 공간에 나와 있게 되기까지 석 달이 걸렸고, 근히가 집사에게 배를 보이며 드러눕기까지 삼 일이 걸렸다.

그렇게 밀히가 거우 새로운 공간과 새로운 사람에게 적응했을 때, 엠은 기처를 옮겼다. 밀히와 근히가 이동 스트레스를 견뎌 내고 새로운 공간에 또다시 적응해야 한다는 부담이 있었지만 엠은 사는 곳의 환경을 바꾸고 싶었다. 편리한 대신 비싸고 좁은 서울 도심을 포기하고, 편의 시설은 부족해도 상대적으로 저렴하고 넓은 경기도로 가서, 밀히와 근히에게도 좀 더 넓은 공간, 좀 더 볼거리가 많은 풍경, 공사 소음은 더 적고 새소리는 더 많은 그런 곳에서 오래오래 함께 살고 싶었다.

이사 후 근히가 다시 배를 보이며 누워 골골송을 부르기까지 만 이

틀이 걸렸다. 밀히는 다시 은둔생활을 시작했고 엠이 잠든 동안에만 나와서 먹고 화장실을 이용했다. 나머지 시간 동안은 침대 아래쪽에 있는 서랍에서 지냈다. 엠으로 말하자면, 밀히와 근히의 중간이었달까. 적응하는 데 적지 않은 시간이 걸렸다. 이래저래 잔고장이 많은 집이라 처음 한 달간은 끊임없이 사람이 드나들었다. 배달앱을 켜기만 하면 못 시키는 음식이 없었던 성수동과 달리 오포읍에서는 메뉴별로 두세 번 정도 스크롤을 하면 더는 탐색할 수 있는 식당이 없었다. 그나마도 대부분은 고기요리를 판매하는 식당이었다. 그러나 창밖을 보면 모든 게 좋았다. 창밖으로 야트막한 산이 보였고, 아래쪽으로는 아이들이 뛰어다니는 놀이터가 있었다. 근히는 창가에서 새 구경, 자전거 타고 뛰어다니는 아이들 구경으로 시간을 보냈다. 밀히도 엠이 잠든 동안에는 창밖을 구경했다. 마련해 둔 자리에는 늘 흔적이 남아 있었다. 흐트러진 담요의 모양, 그 위에 묻은 털들, 남아 있는 흔적으로나마 확인하는 존재의 모양.

제이와 헤어지기로 하고도 삶은 이렇게 이어졌다. 과연 서로가 없는 삶을 잘 살 수 있을까, 잘 살고 못 살고를 떠나 과연 서로가 없는 삶이라는 것이 가능한 것인가, 생각했던 시절도 있었는데 헤어지기로 한 후에 엠은 새로운 가족을 맞고, 새로운 거처를 얻고, 그렇게 전과는 조금 다르게, 그러나 전과는 크게 다름없이, 살아가고 있는 중이었다.

어쩌면 코로나라는 것이 이별을 둔감하게 느끼게 해주었을지도 모르겠다, 고 엠은 생각했다. 엠이 우리 이제 그만 헤어지자, 하고 헤어진 건 제이뿐이었으나 감염병으로 인해 거의 모든 관계와 단절된 채로 살고 있었으므로. 그리고 그런 단절된 삶이 여전히 이어지고 있으므로. 모두와 헤어졌으므로 누구와 헤어졌는지 모르는 상태라고 할까.

제이와 헤어지고, 가 아니라 헤어지기로 하고, 라고 쓴 데에는 이유가 있고 어쩌면 그것이 그럭저럭 전과 다름없이 살고 있다, 고 믿게 해준 것도 같았다. 서로에게, 그것이 어떤 것이든, 큰 것이든 작은 것이든, 좋은 것이든 나쁜 것이든, 서로에게 영향력을 미치는 일은 이제 그만두고 각자가 각자에게, 각자의 삶에 영향력을 미치며 살자고, 계절마다 함께 하던 여행을 그만두자고 했지만, 두 사람의 관계까지 그만두어지는 것은 아니었다.

계절마다 함께 열세 번, 예정에 없이 한 번, 총 열네 번의 여행을 하고 그때마다 한 권의 책으로 만들어 왔던 건 공식적으로 마무리됐지만 그동안 함께 했던 여행의 영향력은 계속 이어지고 있었다. 열네 권의 책으로 기록된 엠과 제이의 여정에 대해서 사람들은 여전히 궁금해하고 관심을 가져 줬다. 어쩌면 그만두었기 때문에 더 아쉽고 궁금한 마음이 들었던 것일까.

엠도 그랬다. 다른 사람들은 어떻게 만났고, 또 어떻게 헤어졌는지가 궁금했다. 일단 만나서 헤어지지 않고 있으면 잘 만나고 있나 보다, 그런가 보다, 했다. 그러다가 헤어진다고 하면 그랬구나, 몰랐구나, 했다. 만나고 헤어지는 순간보다 만나는 동안의 시간이 더 길 텐데, 사람들은 만남과 헤어짐이라는 이벤트에 더 관심을 가졌다. 엠도 마찬가지였다.

그러나 생각해 보면 만남도 헤어짐도, '순간'이 아니라 '동안'이었다. 만남을 시작하게 되는 데에도, 헤어짐이 완결되는 것에도 특정 시점으로 지칭할 수 없는 오랜 시간과 과정이 걸쳐 있다. 만남이 공식적으로 선언되기 전에도 이미 만남은 시작되고 있는 것이었고, 헤어짐이 가시화되기 전에도 헤어짐은 이미 진행되고 있는 것, 이라고 엠은 생각했다.

함께하던 여행을 그만두기로 하면서 두 사람은 각자의 여행에 충실하자고, 그렇게 서로의 여행을 지켜봐 주자고, 했었다. 2020년 7월 두 사람이 함께하는 마지막 여행이 끝나고 당분간은 좀 쉬자고 했었는데 두 사람은 그로부터 석 달 후 각자의 여행을 떠났다. 각자의 여행이었지만 두 사람이 함께한 마지막 여행에서 이어지는 여행이기도 했다. 지금까지의 여행을, 서로에게 미친 영향력을 잘 갈무리하기 위한 여행이었으므로.

그 여행에 엠은 '울 땐 엎드려 울어'라는 이름을 붙였고, 제이는 '오래 미워한 사람에게'라는 이름을 붙였다.

엠의 책에는 우는 사람이 많이 나왔다. "울 때는 엎드려서 울어, 그렇지 않으면 눈물이 네 피부를 타고 귀나 입속으로 흘러 들어가 영영 네 몸속에 남으니까. 하지만 엎드려서 울면 눈물은 이마를 받치는 손으로, 얼굴을 댄 책상으로 떨어지고, 그러면 그 눈물을 나에게서 완전히 분리해 버릴 수가 있지. 그러니까 이제부터 울 일이 생긴다면 반드시 엎드려 울어, 눈물이 네 안에 남지 못하게."

제이는 이런 시를 쓰고 「불가능한 일」이라는 제목을 붙였다.

"오래 미워한 사람에게 편지를 쓴다 // 꿈속에서 너는 죽고 / 너의 부음을 전하며 / 그 꿈에서 깨어난 아직 꿈속의 / 나는 화해를 결심한다 // 어쩌면 너는 이제 상관없는 이야기 / 내 마음의 평화에 / 깃발을 꽂고 / 네게 긴 편지를 쓴다"

엠은 제이가 쓴 이 시를 읽으면서 정작 오래 미워한 사람에게 썼다는 편지의 내용은 궁금해하지 못했다. 이제야 그 편지의 내용을 궁금해하고 있다. 오래 미워한 사람에게 쓰는 편지는 어떤 마음을, 어떤 글자를 담고 있을까.

각자 여행을 다녀온 후 제이가 엠에게 물은 적이 있다. 우리의 여행 이야기를 다른 사람들에게 전하면서 했던 말 중에 후회되는 것이 있느냐고.

엠은 대답했다. 아무것도 후회하지 않는다고, 아니 아무것도 후회하지 못한다고. 어떤 것을 아쉬워하고 후회한다고 해도, 다시 돌아가 그 말을 주워 담거나 바로잡을 기회가 주어진다고 해도 나는 그러지 못할 것이라고. 왜냐하면 나란 사람은 변하지 않을 것이고, 미래를 안다 해도 그건 마찬가지일 것이기 때문이라고.

엠은 그랬다. 다시 고등학생이 된다면 더 열심히 공부해서 좋은 대학에 갈 텐데, 다시 대학생이 된다면 더 열심히 연애나 할 텐데, 이런 말을 하는 사람들을 보면서, 나는 다시 돌아간다 해도 똑같을 것 같은데 미래를 알아도 내가 원래 이렇게 생겨 먹은 사람이라는 그 한계를 넘어서지 못할 것 같은데 다른 사람들은 그렇지 않은가 보다 생각했다. 고등학생 때, 더 열심히 공부하면 더 좋은 대학에 갈 수 있다는 걸 모르지 않았고 대학생 때, 연애란 그 나이에만 할 수 있는 종류의 연애가 있다는 것을 모르지 않았다. 그러므로 다시 돌아간다 해도 과거의 내가 했던 만큼만 과거의 내가 했던 그대로 할 것이므로 굳이 돌아갈 필요가 없다. 그렇게 생각했고, 그래서 후회되는 행동이나 주워 담고 싶은 말이 있느냐는 질문을 받으면 늘 그랬다. 어쩌면 비겁한 대답일지도 모르겠다고도 생각했다. 다시 기회를 준다고 하는데도 나는 바뀌지 않을 거라고 미리 가능성을 잘라 버리는 것일지도 모르니까. 좀 더 나이가 들면 제발 한 번 더 기회를, 시간을 달라고 누군가에게 헛되이 빌지도 모르겠다. 하지만 적어도 지금은 아무것도 후회하지 않고 되돌리지 않고 지금 가는 길을 계속해서 좀 더, 가보고 싶다고 그렇게 대답했다.

다만, 그렇게 당분간은 좀 쉬고 싶다고 자기 자신만의 여행에 집중하고 싶다고 했던 엠과 제이는 각자 혼자 여행을 다녀온 이후에 또 금세 다음 여행을 준비했다. 다른 파트너와 함께 떠나는 여행이었다.

엠은 2021년 4월, 음악가 정차식과 함께 여행을 다녀와 '야간주행'이라는 이름을 붙였고, 제이는 그로부터 한 달 후, 사진가 이준식과 함께 여행을 다녀와 '작별의 옆모습'이라는 이름을 붙였다.

'야간주행'은 음악가 정차식이 오래 만난 연인과 헤어진 후 불면을 겪으면서 써 내려간 글들을 모은 작업이었다. 꿈 없는 수면(睡眠)에 들기 위해 수면(水面)으로 뛰어들고, 밤마다 사람 없는 길을 달린 시간들, 북아현동에서 평택으로, 평택에서 다시 제주 하도로 거처를 옮겨 갈 수밖에 없었던 여정이 담겨 있는, 잠들기 위해 끊임없이 어디론가 달려갔던 음악가 정차식의 여정을 함께하면서 엠은 자기 자신의 상실과 불면을 함께 달랠 수 있었던 걸지도 몰랐다.

'작별의 옆모습'은 사진가 이준식이 대구의 한 재개발 지역의 시간을 사진으로 기록한 것에 제이가 글을 붙인 작업이었다. 곧 허물어질 건물에 붉은 페인트로 험악한 말과 기호가 쓰여지고, 사람들이 떠나고, 세간들과 고양이들이 남겨지고, 그러는 와중에도 해는 지고 또 떠오르는 여정에, 아무도 함께해 주거나 지켜봐 주지 않는 그 길에 매일 가서 서서 시간을 보내는 일을 해낸 두 사람의 여행을 지켜보면서, 엠은 여전히 우리는 다 같이 함께 어디론가 가고 있는 것 같다, 고 생각했다.

엠은 가끔씩 어떤 책에서 읽은 누군가의 이야기를 떠올린다. 그 책을 썼던 작가는 여행을 갈 때마다 그곳에 있는 돌멩이 하나를 주워 와 다른 장소에 두곤 한다고 했다. 돌멩이는 평생 그 자리에서 벗어나지 못할 것이므로, 한 번 주어진 그 자리를 스스로의 힘으로는 벗어나지 못할 것이므로, 내가 대신 돌멩이를 옮겨 주자, 위치를 바꿔 주자, 그런 생각으로 그렇게 한다고 했다. 엠은 그 이야기를 오래 기억했다. 멋있다고 생각했다. 그런데 지금은 이런 생각도 한다. 돌멩이가 거기 평생 계속 있고 싶은지, 다른 데 가고 싶은지 그걸 알 수 있나. 혹시라도 그 옆에 있던 돌멩이가 가족이고 연인이고 친구라서 영원히 거기서 함께 지내고 싶은 거면 어떡하나. 돌멩이가 평생 같은 장소에 있는 것, 그 자체에 대해 인간이 어떤 생각을 한다면 그건 인간의 생각이지 그 사람의 생각은 아니지 않나. 그런데 한편으로는 여전히 이런 생각도 했다. 사실 돌멩이도 어디론가 너무 가고 싶어서 여행 갈 때마다 조금씩 돌멩이들의 위치를 옮겨 주는 그 작가가 너무너무 고마워서 또 만나기를 바라는데, 그 작가를 다시 만나는 일은 영영 일어나지 않고 그 작가처럼 생각하는 다른 사람을 만나는 것도 어려워 영원히 그곳에서 다른 곳을 꿈꾸고 있으면 어쩌지. 그 돌멩이들을 생각하다 보면 모든 멈추어 있는 사물들과 생명들에 대해서 오해하고 있거나 혹은 외면하고 있을지 모른다는 생각이 들어서 조금 괴로웠다.

엠에게는 소설을 쓰는 일도 비슷하게 여겨졌다. 돌멩이를 옮기는 일처럼 그 돌멩이는 좋을지 아닐지 알 수 없는 일. 소설 속에 나온 사람들은 내 소설에 쓰여져서 좋을까, 행복할까. 소설이 '일어날 법할 일'을 다룬다면 이 지구, 혹은 이 우주 어딘가에 사는 누군가에게는 정말 이런 일이 일어났을지도 모르는데 그들은 자기의 이야기가 이렇게 쓰여지는 게 좋을까, 괜찮을까. 어쩌면 그래서 엠의 친구들은 엠의 소설을 읽으면서 더 많이 울고 웃었는지도 모른다. 한 친구가 엠의 소설집을 읽고 많이 울었다고 했을 때 엠은 생각했다. 그 소설 속의 모든 사람이 사실은 나라는 걸 눈치챈 걸까, 그래서 더 마음이 아팠던 걸까. 그렇다면 매번 엠의 소설을 가장 처음 읽고 가장 여러 번 읽어야 했던 제이는, 엠과 함께해서 좋았을까.

이런 것은 생각을 해봐야 소용이 없는 일이다, 라고 엠은 생각했다. 엠은 많은 경우, 생각을 하다가 이런 생각을 한다. 이런 것은 생각을 해봐야 소용이 없는 일이라고. 그러니 지금까지 엠이 했던 대부분의 생각은 해봐야 소용이 없는 생각이었다고 봐도 무방한데 그런데 생각해 봐야 소용없는 일일수록 생각하는 것을 멈추기가 힘들다. 어떨 때는 며칠씩, 생각을 하고, 생각을 해봐야 소용이 없는 일이라고 생각한 다음, 또 생각을 하고, 소용없다고 생각하고…를 반복하며 지낸다.

　　그러는 와중에 세 살이었던 밀히는 네 살로 향해 가고, 두 살이었던 근히는 세 살로 향해 가고, 이 낯선 곳에 이사 온 지도 반년이 훌쩍 넘어버렸다. 그러니까 시간은, 누가 무엇을 하든, 하지 않든, 아무리 쓸데없는 생각을 많이 하든, 하지 않든, 그냥 제 갈 길을 뚜벅뚜벅 간다. 영화 「맨 프럼 어스」에서 자기가 원시인이라고 주장하는 존 올드맨의 이야기를 듣고 존의 동료가 호피족의 이야기를 들려준다. "호피족은 시간을 풍경으로 여겼지. 우리의 앞과 뒤에 존재하고 우리가 움직이며 그 속을 지난다는 거지." 시간을 지나올 때 우리가 했던 생각, 여행, 쓴 글, 만든 책 같은 것들은 모두 그 순간의 풍경 속에 남는 것이겠지. 그렇게 생각하면 엠은 조금 마음이 가벼워졌다. 지나온 것들은 지나온 풍경 속에 다 놓고 왔으니까, 적어도 손은 가벼웠으니까.

엠은 제이와 종종 연락하며 지낸다. 이런 것도 가능하구나, 이런 관계도 가능하구나, 그렇게 생각하며 서로 안부를 묻고, 때로는 여전히 이어지는 옛 여행과 옛 일들의 영향력을 실감한다.

　　이제 또 어디로 갈 거야?

　　제이가 물었다. 그렇게 물을 때마다 엠은 잘 모르겠다고, 여행 같은 거 잠시 잊고 쉬고 싶다고 대답했다. 하지만 사실은 금세 또 어디론가 떠나고 싶다고 생각하게 될 것을 안다. 다녀와서는 피곤하다고 이젠 정말 좀 쉬어야겠다고 말하겠지만 또 자기도 모르게 어디론가 떠날 준비를 하고 있는 자기 자신을 엠도 알고, 제이도 아는 것 같았다.

　　하지만 여행을 하기 전의 엠은 종종 완전히 무력해진다. 자기를 돌

보지 않는 방식으로 자기를 돌보고 완전히 무너지는 방식으로 자기를 다시 세우고 완전히 가라앉는 방식으로 다시 길 위로 올라와 선다.

자기 이야기를 통해 사람들의 이야기를 하기 위해, 다른 사람들의 이야기를 통해 자기 이야기를 하기 위해, 그렇게 한 번씩 완전히 허물어지는 일을 자주, 겪는다.

이번에도, 커튼을 걷지 않은 채 며칠이 지났다. 커튼을 걷지 않았다는 것은 무엇을 뜻하나. 며칠 동안 창밖을 보지 않았다. 침대 위에서는 주로 책을 보거나 눈을 감고 눈을 감았을 때 모이는 어둠을 보거나 잠을 자면서 꿈을 보거나 했을 뿐, 창밖은 보지 않았다는 것이다. 창밖으로 지나가는 자동차 소리를 들었고, 밤낮이고 켜져 있으나 밤이 더 잘 보이는 어렴풋한 간판 불빛을 어렴풋이 보았고, 커튼이 계속 처져 있다는 상태를 보았으나, 결국 그것을 걷어 투명하게 보지는 않았다는 뜻이다. 그리고 거기에는 아무 뜻도 없다.

그 무렵, 제이로부터 한 장의 편지가 왔다.

여기서 출발

이 강엔 내가 던져버리고 싶었던 돌멩이가 있다 아무리 던져봐도 발밑을 벗어나지 못해 강 깊숙한 곳까지 가서 빠트리고 온 돌멩이가 있다 수영을 하고 배를 빌려 오랜 시간 걸쳐 도착한 이 강은 이미 누군가 두고 간 돌멩이들로 가득하다
탈 배도 아가미도 없이 돌아가는 길 온종일 움직여도 강을 벗어나

지 못한다 강물을 길어다 밥을 짓고 물을 끓여 마신다 종일 걷는다
행여 돌멩이가 드러나 다시 주머니에 집어넣을까 봐 틈틈이 눈물을
보태 강물이 줄어드는 걸 막고서

끝말잇기를 하며 징검돌을 밟는 중
규칙은 시작하기에 어려운 음절로 끝내지 않을 것
그러나 이름이나, 나트륨이나 사슴 같은 단어를 말하고 싶다
버릇이나 매듭 같은 단어를 말하고야 말아서 끝말잇기는 금세 끝나
고 금세 다시 시작된다
아직 밟아야 할 징검돌이 있으므로 끝말은 계속된다 계속되는 끝
말을 조금 더 잇는다 단어가 고갈되면 어쩌나 나는 보폭을 늘린다
폴짝폴짝 뛰다 보면 어느 때는 놀이라고 착각하고 만다 즐거워진
나는 깔깔 웃다가 발을 헛디디고,
물에 잠겨 보기도 한다, 아가미의 희망을 가지고

새로운 단어가 내려앉은 돌, 말을 이어받은 돌, 앞글자와 뒷글자가
같아 같은 음절만 내려앉은 돌,
마지막의 처음과, 마지막의 중간을 지나, 처음으로 이어질 마지
막을,
계속해서 밟는 중, 이미 마지막의 마지막에 포개어진 처음과, 중간
들과, 마지막이 눌어붙은 딱딱한 외피에 젖은 발자국을 찍는 중
매일 돌의 임종을 지켜보는 중
어느새 주머니에 든 돌멩이를 가져다 두러 가는 중

키친테이블라이팅 계간문예지 「영향력」은 2016년 2월 창간호를, 2020년 7월 완간호를 내고 총 13권의 책으로 마무리했습니다.

출판사 '밤의출항'에서는 현재까지(2021년 6월 현재) 총 다섯 권의 단행본을 냈습니다.

⎯⎯⎯⎯⎯●

〈영향력 실은 작가선〉 시리즈

01 나일선 소설집 『우리는 우리가 읽는 만큼 기억될 것이다』

02 은미향 소설집 『울 땐 엎드려 울어』

03 김정애 시집 『오래 미워한 사람에게』

정차식 산문집 『야간주행』

이준식 × 김정애 사진산문집 『작별의 옆모습』

⎯⎯⎯⎯⎯●

이 글은 한 편의 소설이지만 또 한편으로는 에세이이기도 합니다.

이 글의 시작 "아직 일 년이 채 안 됐다니"부터 "그 무렵, 제이로부터 한 장의 편지가 왔다"까지는 은미향이,

"여기서 출발"부터 "어느새 주머니에 든 돌멩이를 가져다 두러 가는 중"까지는 김정애가 썼습니다.

⎯⎯⎯⎯⎯●

은미향이 쓴 앞부분은, 「영향력」 완간호인 13호의 '폐간의 변'과 함께 읽으면 조금은 더 재미있을지도 모릅니다.

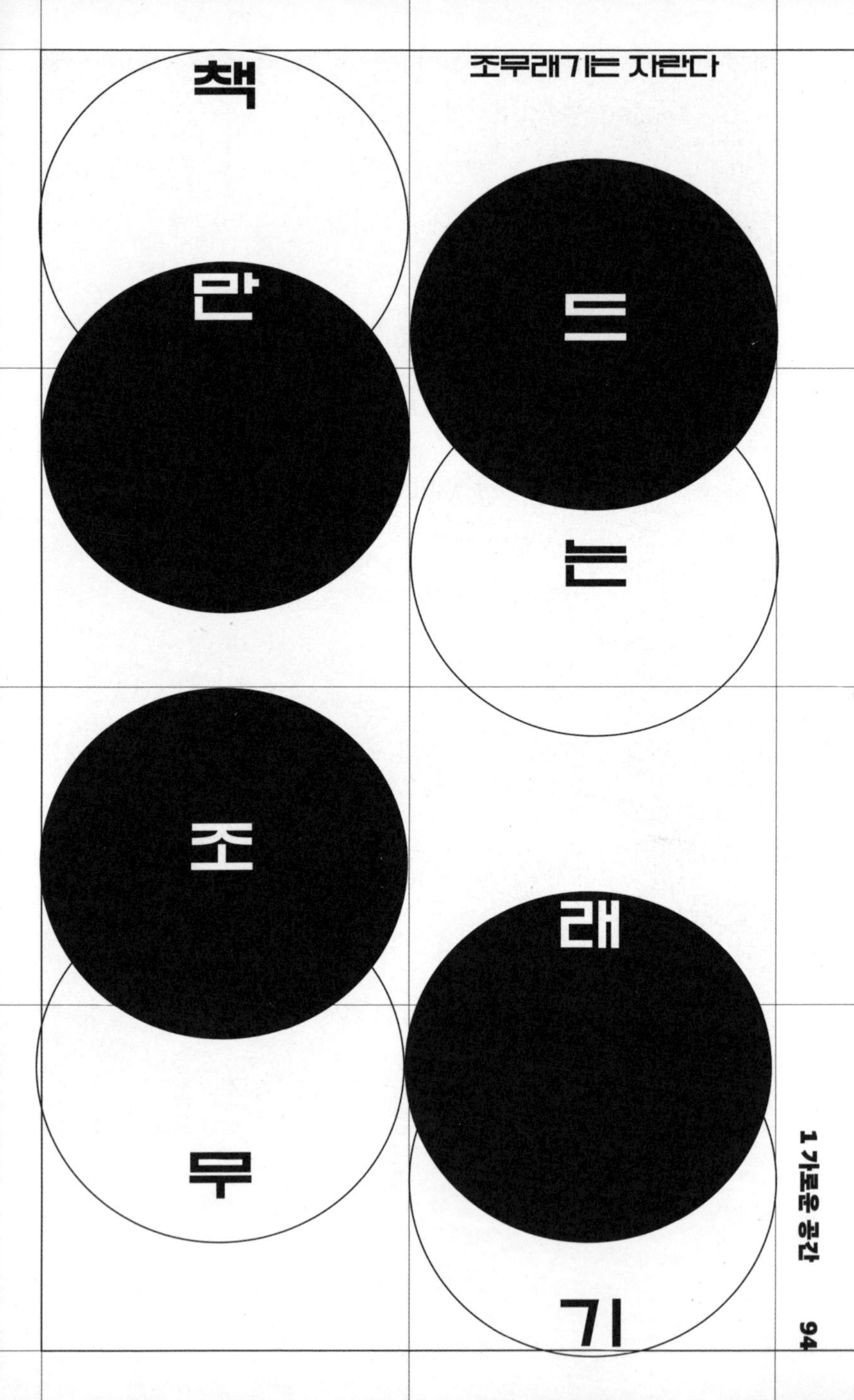
조무래기는 자란다
책
만
드
는
조
래
무
기
1 가드운 공간
94

서울특별시 취업안되구 무슨수로82

도서
출판 늴리리

세로운 시간　　2020년 6월 1일, 4일, 16일, 17일, 24일, 29일, 30일,
　　　　　　　　7월 2일, 8월 2일, 6일

가로운 공간　　각자의 집

교차한 우리들　책 만드는 조무래기의 가영, 서울, 예슬, 지민, 하다,
　　　　　　　　그리고 편않의 김윤우

'책 만드는 조무래기' 소개와 각자 소개를 부탁드립니다.

하다　　'책 만드는 조무래기'는 출판계 취준생 5인의 모임입니다. 『서울특별시 취업안되구 무슨수로82』(이하 『취업안되구』)의 공동 저자명이기도 하고요. 저는 이 프로젝트를 기획한 하다입니다. 현재는 출판사 문학팀에서 편집자로 일하고 있습니다.

가영　　어린이책, 정확히는 그림책 편집자가 되고 싶었어요. 지금은 정식으로 그림책 편집자가 되었습니다. 이 책을 만들던 당시에는 편집자가 되고 싶다는 마음만 가지고 강의를 섭렵하던 중이었어요.

지민　　저는 다른 일을 하다가 조금 늦게 출판계 취준을 시작했습니다. 잘할 수 있는 일을 찾다가 출판계에 관심을 갖게 되었어요. 특히 인문사회 분야에서 전문지식을 다루는 책을 만드는 데 관심이 있습니다.

서울　　도시공학을 전공했고 그 영향을 받아 지역을 소개하는 로컬 매거진을 만들고 싶었습니다. 출판계에 관심을 가진 지 이제 1년 되었습니다.

예슬　　출판마케터입니다! 당시 3개월밖에 안 된 신입사원이었지만, 퇴사를 진지하게 고민하고 있었습니다. 사실 퇴사를 해도 어딘가 소속되어 있을 곳이 필요하다고 생각했고, 더 솔직히 말하자면 이력서에 한 줄 넣을 것이 필요했었어요.

'닐리리'와 '책 만드는 조무래기'의 관계[1]는 무엇인가요? 혹시 두 단체에 정체성 차이를 두시는지요? '닐리리'라는 이름이 어떻게 나왔는지도 궁금합니다.

하다 저희를 묶어 말할 때는 '책 만드는 조무래기'(더 자주 '조무래기들')라고 소개하는 편입니다.[2] '닐리리'라는 출판사명은…… 사실은 없으면 허전하니까 짓기로 했습니다. 표 1에 제목, 저자명, 출판사명이 들어가야 제맛 아니겠어요. '책 만드는 조무래기'를 출판사명으로 쓰기에는 너무 길고 좀…… 많이 하찮아 보이는 감이 있어서 새로 짓기로 했습니다.

가영 출판사 이름은 유쾌하고 밝았으면 했어요. 그런데 각자 열심히 생각해 온 이름은 모두 퇴짜를 맞았어요.[3] 다 같이 브레인스토밍을 하는 도중에 하다가 "니나노"[4]라는 단어를 흥얼거렸는데, '이거다!' 싶었거든요. 그런데 이미 그 이름의 출판사가 있더라고요. 어감이 비슷한 다른 단어를 찾다가 닐리리라는 단어를 생각해 냈어요.

서울 저희 팀훈(?)이 'NO 고생'이에요. '닐리리'라는 이름이 뜬금없이 발랄하고 쉴 새 없이 신명 난 느낌이어서 팀훈과도 잘 맞고, 책에 쓰인 일러스트의 B급 감성에도 잘 맞았어요.

---

1. '닐리리'는『취업안되구』를 펴낸 곳이며, '책 만드는 조무래기'는 이 책의 지은이이다.

2. 비하인드 에피소드로, 지민은 조무래기라는 네이밍을 별로 좋아하지 않았다. 어감이 너무 귀엽다는 이유였다. 사실 처음 나왔던 이름은 '뽀시래기'였는데, 조무래기 정도에서 타협했다.

3. 절망적으로 재미가 없었던 기억이 있다.

4. 하다는 평소에도 저런 말을 자주 흥얼거린다.

지민　책 보도자료에 "넘어져도 속없이 일어나는"이라는 말이 있습니다. 취준생으로서 한은 있지만 항상 웃으며 스스로를 북돋우려고 노력하는 저희의 모습이 '닐리리'라는 출판사명에 녹아 있다…… 의미 부여를 하자면 이렇습니다.

『취업안되구』라는 제목[5]은 어떻게 나왔나요? 책 제목을 무엇으로 할지 아무래도 고민 많이 하셨을 것 같은데, 아깝게 떨어진 제목 후보가 있다면 살짝 알려 주세요.

가영　서울이가 수줍고 반짝이는 눈망울로 "서울특별시 취업안되구 무슨수로82"를 말하는 순간 모두가 꽂혀서 바로 좋다고 했어요. 뭔가 아재개그 같으면서도 살짝 하찮은 느낌이 저희 감성이랑 매우 매우 잘 맞다고 느꼈습니다.

예슬　이게 워낙 독보적인 제목 후보였어요. 아깝게 떨어진 후보는 없지만…… 지금 생각나는 제목은 『편집자 분투기』를 패러디한 『출판계 취준생 분투기』 정도가 있네요.

서울　사실 아직 조무래기들한테 제목 아이디어의 원천을 밝히지 않았는데 여기서 말하게 되네요. 요즘 연예인과 팬 사이에 '주접 댓글'이 유행이에요. 일명 아재개그를 활용한 애정표현이라고 할까요. 그때 한 가수의 SNS를 보다가 주소로 말장난을 하는 댓글을 봤어요. 한참 책 제목을 지으려고 브레인스토밍을 열심히 하고 있을 때라 '서울특별시' 다음에 이것저것 다 붙여 봤죠. 출판계 취업시장의 심각성을 제목에 잘 풀어내고 싶었어요. 뜬금없지만 꼭 그럴듯한 아이디어는 책상 앞을 벗어나 머리를 감을 때 떠오르곤 하는데[6] 『취업안되구』 역시 저희 집 샤워실에서 탄생한 제목입니다.

5. 나는 서울 토박이인데, 친구들에게 이 제목을 말했더니 웃었다. "서울특별시"라는 말 안 쓰지 않냐고. 나도 택배 받을 주소를 쓸 때 항상 '서울'만 쓴다. 여러분은 어떠신지 궁금하다.

6. 지코가 작곡할 때 샤워실에서 악상이 떠오른다는 이야기를 들은 것 같은데, 샤워실이 영감의 원천인가 보다.

7. 책을 만들기 전의 마음 혹은 예비출판인의 마음.

8. 책이 발행된 후 혹은 출판인이 된 지금.

9. 별 걱정을 다 했다.

'출판계 취준생의 지금'이라는 주제를(만) 잡고 퍼블리랜서에 프로젝트를 올리셨습니다. 프로젝트를 처음 올리셨을 때, 혹은 『취업안되구』 프로젝트를 퍼블리랜서 웹페이지에서 처음 발견했을 때의 그 첫 마음[7]이 기억나시나요? 지금[8] 돌아보는 그때의 첫 마음은 어떤가요?

하다 질박했어요. 취업을 위해서라면 하지 못할 일이 없었습니다. 범법만 아니면 뭐든 일단 해 보자는 마음으로 프로젝트를 올렸습니다.

가영 저는 조금 무서웠어요. '이러다 유명해지면 어쩌지'[9] 이런 기분?

하다 세상에……

가영 그리고 우리가 뭐라고 사람들이 지원을 해 줄까 하는 걱정도 했고요. 돌아보니 제가 걱정이 참 많네요.

지민 저는 북에디터에서 이 프로젝트를 보고 지원했습니다. 나랑 같은 고민을 하는 사람들이 있었구나, 한편으론 다행스럽기도 했지만, 내심 '현실은 더 어렵구나'라는 생각에 불안해지기도 했어요. 그래도 뭐라도 해 보자는 마음으로 지원했죠. 작년에 가장 잘한 일을 꼽으라면 이 프로젝트에 지원한 일입니다.

예슬   지금 되돌아보면 새삼 '열정적이었다, 내게도 이런 열정이 있었구나'라는 생각이 들어요. 그때의 저와 지금의 저 사이에 거리감이 있어서 그때의 열정이 낯설게 느껴질 정도입니다.

혼자 고민하다가 같은 처지에 있는 다른 동료들을 만났을 때 어떠셨나요? 많은 예비출판인이 함께하자고 응할 줄 예상하셨나요? '나'(조무래기)에서 '우리'(조무래기들)가 되었을 때, 가장 크게 달라진 게 있다면 무엇이었나요?

하다   가장 크게 달라진 점은…… 자금이요. 책 만들 자금을 넉넉하게 준비할 수 있었습니다. 후후, 고맙다, 애들아![10]

가영   세상에…….

10. 결국 이게 다 하다의 큰 그림이었던 거다.

하다　한 사람만 있을 때는 그 사람의 에너지만 보여 줄 수 있잖아요. 다섯이 모이니까 다섯 명의 에너지가 모두 뿜어 나와서 빈자리를 채워 줬습니다. 물 위에 마블링 물감 다섯 개를 똑똑 떨어뜨리고 휘휘 저으면 맞닿은 부분은 색이 섞여도 각자의 색깔은 그대로잖아요. 책을 만들 때 마치 그것처럼 각자의 개성은 그대로인데 어떤 부분에서는 좋은 상호작용을 내기도 하고, 그랬습니다.

가영　저는 제 고민을 보다 온전히 나눌 수 있는 사람들을 만나서 기뻤어요. 주변에 출판 편집자를 꿈꾸는 친구들이 없었거든요. 같은 취업 준비생이더라도 각자의 분야에 따라 고민이 조금씩 다르잖아요. 서로 비슷한 미래를 꿈꾸고, 같은 방향을 바라보는 사람들을 만났다는 게 정말 좋았어요.

지민　우선 존재만으로도 큰 힘이 됐죠. 나만 이상한 게 아니었구나. 여기 이상한 사람들이 몇 명 더 있구나.

하다　^^?

서울　출판계를 아예 몰라 막막했는데 그 부분이 해소됐죠. 사실 제가 보낸 조무래기 지원서에 답이 오지 않았다면 저는 지금 뭘 하고 있을지 상상이 안 돼요. 에디터를 해 보겠다는 막연한 생각을 행동으로 옮기게 해 준 결정적이고도 감사한 일이었죠! 저는 조무래기들 중에서도 정밀 저 밑에 있는 '쪼오무래기'였기 때문에 처음에는 조무래기들의 이야기가 모두 낯설었어요. 출판계에서 자주 쓰는 용어도 하나하나 배워 가는 단계였죠. 그래서 '우리'가 되었을 땐 최대한 그 조무래기들 안으로 들어가려고 노력했어요. 크게 달라진 게 있다면 저도 그들이 쓰는 '은어'를 사용하기 시작했다는 점이죠.

예슬　음, 솔직히 말하자면 제가 몰랐던 정보들을 더 알 수 있어서 좋았어요.

지민　　역시 스파이였던 거야.

예슬　　재직자였지만 신입이었기 때문에 거의 취준생과 다름없었다고 생각해요. 정보가 합쳐지니 출판계를 더 알아 가는 느낌……? 업계 사람이랑 말할 때도 더 아는 척할 수 있어서 좋았습니다.

『취업안되구』의 기획 과정이 궁금합니다. 자유로운 대담 사이사이에 "취준_진담"이 들어가 있는데요. 자칫 '(나 말고 혹은 나는 빼고) 다른 사람들끼리만 이야기한다'는 느낌을 줄 수 있는 형식에 (글을 작성한 사람이 누구인지도 숨겨진) 내밀한 이야기가 삽입되어 흥미로웠어요. 이런 구성은 어떻게 떠올리셨나요? "취준_진담"을 쓴 주체를 숨긴 이유가 있다면 무엇일까요? (너무 내밀해서?) 기획 과정에서 재미있었던 일이나 유난히 힘들었던 경험이 있다면 알려 주세요.

하다　　출판계 취준생을 위한 정보가 담긴 대담집을 생각하고 있었는데, 대담 내용을 정리하다 보니 저희의 더욱 속 깊은 이야기를 담는 방향이 더 좋을 거라는 생각이 들었습니다. 그래서 취준 기간에 쓴 에세이를 모아 각 장의 마지막마다 "취준_진담"으로 삽입했습니다. 각 "취준_진담"을 쓴 사람의 이름을 숨긴 이유는, (굳이 의미 부여를 하자면) 한 사람이 겪은 이야기지만, 취준생이라면 누구나 겪는 상황들이니 우리 모두의 이야기나 다름없다고 생각했기 때문입니다.

　　　　기획 과정에서 가장 힘들었던 건, 대담집의 특성상 일단 녹취를 전사(轉寫)한 다음 편집을 시작해야 하는데 받아쓰는 데도, 입말을 어느 정도 솎아서 읽기 좋게 다듬는 데도 시간이 오래 걸렸어요. 이야기를 하다 보면 자주 산으로 갔다가 다시 돌아오곤 했는데 그걸 제자리에 끼워 맞추기가 엄청 힘들었습니다. 대담집을 다시 하라면, 저는 절대 다시 안 할 것 같아요(진담 반 진담 반).

『취업안되구』는 '책'이라는 물리적 형태로 나왔고, 서로 '이야기'(말)를 나눈 내용이 담겨 있습니다. 그런데 온라인 공간에서 쓰이는 표현[11]이 더러 눈에 띄었습니다. 편집 과정에서 충분히 '교정'할 수 있었을 텐데, 어떤 이유로 남겨 두셨나요?[12]

가영　　취준생들의 대담이니 구어의 맛을 살리는 것이 당연하다고 생각했던 것 같아요. 친한 친구들끼리 모여서 말하는데 현학적인 말이나 문어 투를 쓰는 건 어색하잖아요. 취업만큼 현실적인 게 없으니까 말투도 현실적인 게 맞는 것 같았고요. 지금 생각해 보면 책 제목과 일러스트가 B급 감성이니까 입말을 남겨둔 게 통일성 있고 잘한 선택이었던 것 같아요.

11. "얼ㅋㅋㅠ", "or…!", "나도22222" 등.
책 만드는 조무래기, 『서울특별시 취입안되구 무슨수로82』(닐리리, 2020), 26, 57, 77쪽 참조.
12. 이 질문을 다 쓰자마자 대담이 온라인으로 진행되었을지도 모른다는 생각이 들었다……

예슬　　이 책을 읽는 사람들이 우리의 대담 속에 함께 있었으면 했습니다. 그래서 구어체와 "ㅋㅋ" 같은 것들을 살리자고 했어요. 딱딱한 책이 아닌, 진솔한 경험과 느낌이 날것 그대로 담긴 책이길 원했어요.

『취업안되구』에 아쉽게 실리지 못한 이야기도 있을 것 같아요. 빠진 이야기 중에 비하인드 스토리처럼 이야기해 주실 만한 내용이 있을까요?[13] 혹 내용 언급이 어렵다면 빠진 이유를 듣고 싶어요!

13. 그러나 이야기할 만한 내용이었다면 책에 수록되었을 것이다…….

14. 유난히 조심스러워하는 사람이 한 명 있었다. 책을 자세히 보면 누군지 유추할 수 있다.

하다　　출판계에 대한 안 좋은 이야기는 거의 다 뺐습니다. 그게 내가 직접 경험한 것이든, 풍문으로 들은 것이든요. 부정적인 말은 힘이 세고, 글을 읽는 이들에게 편견을 심어 줄 수 있다고 생각했어요. 그보다 더 큰 이유는 '불이익' 때문입니다. 출판계에 대한 부정적인 말을 실으면 취준생인 저희 모두에게 손해라고 생각했습니다. 분량이 꽤나 줄었지만 어쩔 수 없는 선택이었다고 봅니다. 잘 보여도 모자랄 판에 굳이 무덤을 팔 필요는 없으니까요.[14]

지민 생각해 보면 업계에 발을 들여 보지도 못한 사람들이 업계를 평하는 일 자체가 우스운 일인지도 모르겠습니다. 책을 만든 취지가 결국엔 취업이었기 때문에, '그래도 한번 해 보자'는 긍정적인 메시지와 취업에 도움이 될 수 있는 정보를 중심으로 구성하는 방향이 좋다고 생각했어요.

가영 개인을 특정할 수 있는 단어와 아주 내밀한 이야기도 많이 빠졌어요. 서로에게 어떤 식으로든 피해를 주지 않으려고 다들 신경을 많이 썼어요.

서문 "채용이 끝났지 삶이 끝난 건 아니잖아요!"에서 "밥만 축내는 것보다는 낫지 않겠어?"[15]라는 문장[16]이 기억에 남습니다. 이 표현은 퍼블리랜서 톡터뷰에서도 등장했지요. '(지금은) 밥만 축내고 있다'는 냉정한 자기 인식과 함께, 스스로를 증명하고자 하는 욕구('나을 것이다')가 읽혔습니다. 헌사[17]도 마찬가지고요. 이는 '지금-여기'의 '예비'출판인 목소리를 담고자 했을 때 당연히 드러날 수밖에 없는 욕구일까요? 혹은 닐리리가 『취업안되구』로 보여 주고 싶었던 감정이었을까요? 책 만드는 조무래기들이 모두 비슷한 감정을 느끼고 있었나요? "투정만 담긴 감정 쓰레기통 정도의 책이 되지는 않을까"[18]하는 걱정에서 단단한 욕구로 변해 갔던 과정을 들려주세요.

하다 스스로를 증명하고자 하는 욕구가 있었다기보다는 절벽 끝에 몰린 심정이었다고, 혹은 취준 기간을 자괴감 없이 연장할 수 있었기 때문이었다고 표현하는 게 알맞을 것 같습니다. 서류 전형과 면접에서 계

15. 책 만드는 조무래기, 9쪽.

16. "밥만 축내는 것보다는 낫지 않겠어?"는 사실 "조무래기"와 최후까지 경쟁하던 이름 후보였다. 우리는 "밥축어쩌고"가 될 뻔했다.

17. "매일 어딜 그렇게 가냐고 물으시던 부모님께 이 책을 바칩니다. 엄마 아빠, 나 이렇게 살고 있어." 책 만드는 조무래기, 5쪽.

18. "퍼블리랜서 톡터뷰 #4: 김수아, 이승연", 퍼블리랜서 네이버 블로그, 2020년 4월 23일 수정, 2020년 6월 4일 접속, https:// blog.naver.com/publilancer/221923847788.

속 떨어지고, 취준 기간은 길어져만 가고, 더 이상 뭘 더 해야 하는지 알 수 없는 상태에서 '가만히 있는 것보다는 낫기' 때문에 시작한 게 바로 이 프로젝트니까요. 이 프로젝트라도 하고 있으니까, 뭐라도 하고 있으니까, 집에서 밥 얻어먹고 용돈 타서 쓰는 게 덜 부끄러웠습니다. 우리의 취업에 도움이 되는지는 차치하고서요.[19]

가영이는 이 프로젝트의 첫 단계에서부터 우리가 징징대는 것처럼 보일까 봐 걱정을 많이 했어요. 지금은 모두가 취업하기 힘든 때잖아요. 그런데 우리만 특히, '책까지' 내면서 징징대는 걸까 봐 걱정하는 거였습니다. 그런데 그게요, 힘든 걸 힘들다고 하는 게 뭐 어때요. '왜' 힘든지, 어떻게 해야 이 힘듦을 극복하고 더 나아갈 수 있는지는 일단 힘들다고 소리 내어 말해 보고 나서야 알 수 있다고 생각합니다. 이 책을 만드는 과정 자체가 우리가 얼마나 노력했고, 얼마나 힘들었고, 앞으로 무엇을 할 수 있는지를 정리하는 작업이었다고 생각합니다.

예슬 우리 책이 출판계 취준생들에게 심적으로 그리고 실질적으로 도움이 되기를 바랐습니다. 다른 업계에 비해 정보가 너무 부족해 저도 취업 준비를 할 때 항상 갈증을 느꼈거든요. 그 갈증을 해소하는 데 저희가 조금이나마 도움이 되었으면 합니다.

가영　"투정만 담긴 감정 쓰레기통 정도의 책이 되지는 않을까"라는 고민은 원고를 정리하면서 점점 흐려졌어요. 각자의 취준 경험을 담아내는 것 자체가 출판계에 관한 정보가 아무것도 없는 누군가에게는 도움이 될 수 있잖아요. 그런 생각을 하다 보니까 제가 알고 있는 아주 작은 정보라도 조금이라도 더 자세하게 담은 책을 만들고 싶었어요. 읽는 분들에게 도움이 되는 책을 만들고 싶다는 게 책을 끝까지 완성하게 만든 원동력이었죠.

> 19. 내가 이 제안을 받아들인 이유와 완벽하게 같다. 이심전심!(가영)
>
> 20. 1쇄를 엄청 조금 찍은 것은…… 함정.

초판 1쇄를 발행한 지 1달도 되지 않아 2쇄를 찍었습니다(박수~!).[20] 주변 사람들이나 독자들 반응은 어땠나요? 인상적인 반응이 있었다면 들려주세요.

하다　잘 읽힌다는 반응이 가장 많았습니다. 술술 읽혀서 끝나 버렸다고. 책에는 최고의 칭찬이죠. 나이가 좀 있으신 분들은 '요즘 청년들이 이렇게 힘들다니!' 하고 충격을 받으시더라고요. 힘들었구나, 라는 반응들은 정말 감동이에요. "고작 이런 것 가지고 힘들어하니? 라떼는 말이야!"라고 하실 줄 알았는데, 가슴 깊이 이해해 주시는 분들이 많아서 정말 감사하고 죄송했어요.

서울　　　생각보다 긍정 에너지가 뿜뿜한 책이라 놀랐다는 분들도 많았어요! 취준 이야기라 우울할 거라고 많이들 생각하셨던 거 같아요.

가영　　　부모님은 그렇게 돌아다니더니 결국 책을 만들긴 했구나, 하는 반응이셨어요.[21] 엄마는 책을 잘 안 읽는 분인데, 책을 받아들자마자 다 읽으셨고요. 그리고 저한테 책값을 주셨어요! 왜 돈을 주냐고 하니까 "갑자기 좀 안쓰럽네"[22]라고 하시더라고요. 그 돈은 아직 안 쓰고 간직하고 있습니다.

지민　　　저는 책 내용보다는 책을 만들었다는 게 '너답다'는 이야기를 많이 들었어요.[23] 이런 이야기로 책을 만들겠다고 생각했다는 게 놀라웠대요. 사실 아이디어를 구상했던 건 제가 아닌데 말이죠. 저는 하다와 가영이 덕을 본 거죠.

닐리리의 이후 행보가 궁금합니다. 살짝만이라도 알려 주세요!

하다　　　우선은 각자의 직장에 적응부터 해야 할 것 같습니다. 아, 그리고 기부처를 알아보고 있습니다. 정말 적은 금액이지만 1쇄 판매 금액을 기부하려고 합니다. 조무래기들이 스펙 쌓기를 고민하는 동안 어떤 또래 청년들은 당장 점심 먹을 돈을 걱정하고 있다는 걸 알아요. 그 친구들에게 도움이 되고 싶습니다. 아주 조금이라도요.

예슬　　　글쎄요. 이제 또 무슨 프로젝트를 해야 할까, 뭐 재미있는 작당

모의가 없나, 하던 차에 코로나가 터져 버렸어요. 그래서 집에서 뭔가 해 보고 있지만, 아웃풋은 전혀 없는 상태입니다. 마음만 늘 뭐라도 해야겠다는 생각뿐……

요즘 읽는 책은 무엇인가요? 혹은 최근에 읽은 책 중 인상 깊었던 책이 있다면 소개해 주세요.

하다　　문학과지성사의 『아카이브 취향』[24]을 페이지마다 밑줄을 그을 정도로 아주 행복하게 읽었습니다. 18세기 형사사건 기록을 조사한 역사학자의 책입니다. 17쪽의 '실재가 엄습해 오는 것 같다'는 문장이 너무나 좋습니다. 사실 『취업안되구』도 우리 조무래기들의 한때를, 그러니까 2020년대 청년의 삶의 한 부분을 아카이빙한 것으로 볼 수 있는데요. 갓 전사한 날원고를 처음 편집할 때, 마치 대화를 나누던 그때로 빨려 들어가는, "실재가 엄습하는 느낌"을 받은 적이 있습니다.

21. 2n살까지 용돈을 주신 엄마, 아빠 감사합니다.

22. 이럴까 봐 칙의 출간 사실을 부모님께 알리지 않은 사람도 있다.

23. 본문에 두 시민에게 이런 반응을 보인 친구들의 이야기가 있다. 찾아보는 재미를 느껴 보세요.

24. Arlette Farge, 『아카이브 취향』, 김정아 옮김(문학과지성사, 2020).

글로는 표현하지 못한 행동언어와 뉘앙스, 대화를 나눌 때는 몰랐지만 글로 담아내니 알 수 있게 된 대화의 여백에 담긴 의미들. 말 그대로 그날의 분위기가 저에게로 엄습해 오는 느낌. 그것이 아카이빙된 자료를 읽을 때의 묘미이자 『취업안되구』를 읽을 때의 기쁨이 아닐까 합니다.

가영　　창비의 만화, 『그림을 그리는 일』[25]을 슬프고 기쁘게 읽었어요. 예전에 꿈과 직업은 분리되어야 한다는 이야기를 하다와 나눴는데, 그때 "근데 결국 우리는 출판 편집자가 되는 게 꿈 아니야?"라는 결론으로 마무리됐어요. 이 책에도 꿈을 직업으로 가진 사람의 이야기가 나와요. 읽는 내내 내 이야기 같고, 또 지금의 저를 보는 것 같기도 해서 슬프지만 기쁘게 읽었어요. 우리 책을 읽으신 분들도 어느 정도 공감하면서, 저마다 다양한 감정을 느끼신다면 정말 좋겠네요.

25. 초록뱀, 『그림을 그리는 일』(창비, 2020).

26. Marcel Mauss, 『증여론』, 이상률 옮김(한길사, 2002).

27. 흰 것은 종이요, 검은 것은 글씨다…….

28. 콘텐츠그룹 재주상회, 「리얼제주 매거진 인 iiin」, 2020년 봄호.

지민　　최근에 마르셀 모스의 『증여론』[26]을 읽었어요. 정말 읽기만 했습니다.[27] 끝까지 다 읽었다는 사실에 의미를 두려고요. 일종의 업적 쌓기죠. 꼭 다시 읽을 겁니다. 한 번 읽고 소화할 수 있는 책이 아니더라고요.

서울　　최근에는 제주 매거진 「iiin」(인)[28]을 읽었어요. 100세 할머니의 사투리를 그대로 살린 인터뷰를 읽고 충격을 받았어요. 원래 누군가가 사투리를 쓰면 그 사람의 출신 지역을 알아채곤 했는데, 그걸 왜 지역을 소개하는 매거진에서 활용할 생각은 하지 못했을까! 지금까지 읽은 로컬 매거진은 당연히 표준어를 사용했는데, 어떤 분들에게는 본인이 사는 곳의 사투리를 쓰는 게 당연한 거잖아요. '지역'을 표현하는 또 다른 방법을 찾아서 좋았어요.

저는 지금 딥러닝 연구실의 책상에서 이 글을 쓰고 있습니다. 편집자에서 AI 연구원으로 진로를 변경한 건, 물론 아니고요. 퇴사 후 정산 아르바이트를 하고 있답니다. 이곳에서 저는 숫자를 봅니다. 수억의 현금과 현물과 직접비, 간접비, 인건비가 제 손을 거칩니다. 숫자는 솔직하고, 연구원들은 저라는 '알바'에 관심이 별로 없습니다(이 부분이 의외로 행복합니다).

작년에 편않과 인터뷰할 때까지만 해도 저는 새로 입사한 출판사에 적응이 한창이었습니다. 10년을 꿈꿔 왔던 문학 편집자가 되었으니 얼마나 설렜겠어요. 1년 반 동안 2종의 장편소설을 책임편집했고, 15종의 소설과 에세이, 툰을 보조했습니다. 신입에게는 과분한 시간이었습니다. 작가, 외주 교정교열가, 디자이너, 마케터와 소통하는 시간이 매 순간 꿈처럼 느껴졌습니다. 처음 6개월간, 저는 어떤 단계에 이르렀다고 느꼈습니다. 긴 취업 준비 기간을 버텨 내고 안정에 도달했다고요. 좋아하는 일을 하며 돈까지 벌고 있다니. 드디어 주변적이고 종속된 삶이 아닌 내가 주인인 삶을 살아가고 있다고 느꼈습니다.

그러나, 내가 내 삶의 주인이라는 꿈은 정말 꿈일 뿐이었습니다.[1] 편집자라는 직업을 가짐으로써 저는 안정에 도달한 게 아니라 끊임없는 시험의 장으로 들어선 것이었습니다. 준비해 간 카피와 보도자료의 피드백을 받고 나면 저는 고민에 빠졌습니다. 내가 어디서부터 어디까지 잘못한 걸까? 답을 찾기 힘들었습니다. 나의 일과 나는 동일한 게 아닌데 자꾸 나를 부정하게 됐습니다. 어떻게 하면 더 좋은 기획을 할 수 있을지, 어떻게 하면 좋은 텍스트를 알아볼 수 있는지 알아내기 위해 저는 부단히 노력했습니다. 소설 수업을 듣고, 독서하고, 내가 가치 있다고 여기면서도 독자들이 소유하고 싶어 할 만한 텍스트가 어디 있을까 살피고, 온갖 책의 카피를 받아썼습니다.

> 1. "우리가 자기 삶을 지배하는 독자적 주인이 되리라는 꿈은 우리 모두가 관료주의 체제라는 기계의 톱니바퀴로 물려들었음을 인식함과 더불어 깨어져 버렸다." 에리히 프롬, 차경아 옮김, 『소유냐 존재냐(2판)』, 까치, 2020, 25쪽.

그러다가 어느 날, 억울해지더라고요. 내가 맞는 방향으로 가고 있는지 의구심이 들었습니다. 정말 내실이 중요한가 싶었습니다. 어떤 책은 내실보다는 그럴듯한 겉모습과 카피로 승부하는데 편집자인 나라고 그러지 말란 법이 있나 싶었습니다.

그렇게 저는 어떻게 하면 잘할 수 있을까, 를 고민하다가 어떻게 하면 잘하는 것처럼 보일 수 있을까, 에 멈추고 말았습니다. 어떻게 하면 알맹이는 적당히 뽑고 회사에서 일 잘하는 것처럼 보일 수 있을까를 고민하는 순간에, 그렇게 바뀌어 가려는 찰나에 콱 막힌 듯 저에게 슬럼프가 찾아왔습니나. 낭연히 정해진 시간 안에 최대한 좋은 텍스트를 더 눈에 띄는 모양새로 독자에게 전달하는 게 편집자의 일이지요. 문제는 직업인으로서 저의 태도였습니다. "알맹이"는 "적당히" "뽑고"라는 단어 선택에서 느껴지는 불성실함, 오만, 그리고 내가 아닌 기분. 그런 마음으로 독자들에게 책을 선보임으로써 얻을 수 있는 게 과연 무엇일까요. 직장에서의 인정? 약간의 임금 인상? 그마저도 불확실하지 않나요. 게다가 그게 나 자신을 잃어 가면서까지 받을 만한 대가이긴 할까요.

내 안의 가장 이기적인 목소리에 물었습니다. 이게 정말 내가 원하던 모습이냐고요. 자기소개서에 묘사된 내가 아니라, 편집자로서 소용되는 내가 아니라 있는 그대로의 내가 진정으로 원하는 건 무엇인지, 그로써 발견하고 싶은 건 무엇인지 또한 물었습니다.

그런데 모르겠더라고요. 편집자라는 '꿈' 하나만으로 오랜 시간을 재우쳐 왔기 때문에 정말로 제 마음은 '모른다'고만 답하고 있었습니다. 긴 취업준비 기간을 거치면서 편집자가 되겠다는 목표에, 그에 따르는 당위에 저를 맞추어 살아오느라 내가 어떤 욕구를 가지고 있는지, 어떤 가치를 우선으로 하는지조차 헷갈리게 된 것입니다. 그제야 비로소 알게 되었습니다. 어떤 신념은 아편과 같고 그건 나를 더 좋은 곳으로 데려갈 수도 있지만 반대로 나를 더 나 자신과 멀어지게 한다는 것을요.

그렇게 회사를 그만두었습니다. 지금은 정산 알바를 하며 웹진 「던전」에서 소설을 연재하고 있어요. 연구실에는 제 책상이 있고, 일하는 시간 외에도 글을 쓰는 게 허용됩니다. 연구원들의 무심한, 그래서 다정한 등과 제 등을 마주 대고서 저는 그 어느 때보다 많이 읽고, 생각하고, 있는 그대로의 내가 누구인지, 또 어떤 사람인지 알아 가고 있습니다. '이렇게 살아야지'가 아니라 '나는 어떻게 살고 싶을까'를 스스로에게 묻는 중이에요.

같은 시기에 일을 시작한 우리 조무래기 동료들이 하나하나 실력을 쌓으며 앞으로 나아가는 동안 저는 순진하게도 정체되고 있는 건지도 모릅니다. 그러나 스스로에게 솔직해지지 않으면 저는 다시금 저를 잃게 될 것 같습니다. 앞으로 당분간은 나 자신에 대한 생각들로만 머릿속을 채우려고 합니다. 나는, 나에게 솔직해지는 연습을 하고 있습니다.

가영

　아직 가수면 상태에 있는 뇌를 깨우기 위해 커피를 한 모금 넘기고, 자판에 손을 올린다. 나는 지금 서울의 어린이 전문 출판사에서 이 글을 쓰고 있다. 책상에는 전날 손 가는 대로 올려 둔 기획안과 그림책이 어지럽게 쌓여 있다.

　편앓에서 인터뷰를 요청받았던 시기는 입사 4개월 차가 되어 가던 무렵이었다. 이때의 나는 업무시간에 몰래 눈물을 훔치는 일이 잦았고, 퇴근길 지하철에서 가끔 울었다. 가방에는 항상 여행용 티슈를 넣어 다녔다. 『취업안되구』에서 나를 소개할 때 "눈물버튼 오조오억 개"가 있다는 표현을 쓰긴 했지만, 회사에서 이렇게 많은 버튼이 눌릴 거라고는 상상도 하지 못했다. 눈물버튼을 온몸에 빽빽이 달고 비탈길을 굴러 내려가고 있는 기분이었다. 자꾸 우는 내가 잘못되었다는 생각이 늘어 더 많이 울기도 했던 것 같다. 회사에서 자꾸 우는 신입이라니, 어느 누가 좋아할까.

　길었던 취업 준비 기간 동안, 내 자존감은 닳고 닳아 작아진 상태였다. 입사 후에는 내 능력의 한계와 정면으로 마주하며 더 작아졌고, 줄어드는 만큼 눈물이 되어 봄 밖으로 흘러나왔다. 자존감이 작아진 자리만큼 인정욕구는 늘어 갔다. 쓸모 있는 사람이 되고 싶었다. 잘하고 싶은

데, 정말 잘하고 싶은데 무너질 때마다 빨개진 눈을 티슈와 차가워진 손가락으로 꾹꾹 누르며 야근을 했다. 금요일에는 가방에 일거리를 챙겨 집에 가져오는 것이 퇴근 루틴으로 자리 잡혔다. 주말에 단 한 자도 보지 않더라도 가방이 묵직하지 않으면 불안하고 마음이 무거웠다. 아직 1인분도 해내지 못하는 내가 주말이라고 쉬려는 것이 아주 큰 잘못처럼 느껴졌다. 그러면서도 약속이 없는 주말에는 죽은 것처럼 잠을 자는 날이 많아졌다.

다행히 내 사수는 회사에서도 손꼽히는 '일잘러'였다. 톡톡 튀는 아이디어를 앉은 자리에서 생각해 내고, 원고에도 때묻지 않은 아이 같은 표현을 숨 쉬듯 써 내려가는 사람이었다. 사수를 '손민수하겠다'[2] 고 마음먹었다. 공용폴더에서 이전 프로젝트 중 사수가 담당했던 기획안을 샅샅이 찾아보며 비슷하게 흉내 냈다. 원고가 막힐 때마다 사수의 스타일과 표현을 흡수하려 사수의 원고를 필사했고, 사수라면 어떤 표현으로 이 문장을 구성했을까 고민했다. 그림책 관련 강의를 찾아다니기도 했다. 그래도 일은 빨리 늘지 않았다. 사수는 내가 눈물을 멈추지 못하던 어느 날에 내 손을 잡고 나가 "가영 씨가 그만둘까 봐 너무 무섭다"고 말했다. 그러고는 편의점에서 산 젤리와 초코우유를 검은 봉지에 담아 내 손에 쥐어 주었다. 그 덕에 마음을 다잡을 수 있었다. 그만두고 싶은 '오조오억번의 충동'을 이겨

2. 웹툰 「치즈인더트랩」에 나오는 손민수는 주인공 홍설을 동경하여 외양부터 행동까지 모든 것을 따라하는 캐릭터이다. 이에서 유래해 '손민수하다'는 '남을 따라하고 모방한다'는 뜻으로 쓰이고 있다.

가며 1인분을 하기 위해 필사적으로 발버둥 쳤다.

입사한 지 1년이 지난 지금, 내 몫을 어느 정도는 하고 있다고 생각한다. 진행 중인 프로젝트에서 좋은 피드백을 받고 있고, 최근 팀장님과 단둘이 가졌던 식사 자리에서 "내년에도 이대로 팀이 유지되면 좋을 텐데"라는 말을 듣기도 했다. 일과 삶의 균형도 서서히 맞춰 가고 있다. 그동안 업무에 필요한 책을 읽느라 미뤄 두었던 '재미를 위한 독서'를 다시 시작했다. 망가진 몸을 바로잡으려 운동도 시작했다. 주말에는 퍼즐 맞추기라든지, 컬러링 같은 소소한 취미활동을 하면서 작은 성취감도 쌓고 있다.

그저 버티기 급급했던 시간은 지나가고 바람 빠진 자존감도 원래 형태만큼의 부피를 회복했다. 이제는 그림책 편집자라는 일에 차오른 에너지를 쏟을 차례다. 그림책 편집자라는 일에 욕심을 낼 차례가 왔다. 텍스트의 흐름에만 집착하던 나는, 이제 그림의 결이나 구도, 흐름을 조금씩 읽어 내기 시작했다. 디자이너와 원활하게 소통하기 위해 그림 강좌를 찾아 듣고, 직접 그림도 그려 보니 자연스럽게 일에 대한 애정도 배가되고 있다. 물론, 또 언젠가는 벽에 부딪히고 좌절감에 몸부림치는 순간이 찾아올지도 모른다. 아니 언제든 찾아올 것이다. 그래도 그때는 나를 조금 덜 괴롭히며 그 순간을 넘길 수 있을 것 같다. 매일매일 콩알만큼이라도 더 쓸모 있는 내가 되기 위해 넘어지고 다시 일어나기를 반복하고 있기 때문이다. 그 작은 극복의 조각들이 모여 느리지만 옹골차게 몸을 불려 간다면, 미래의 나는 흐르는 눈물쯤은 소매로 쓱 훔쳐 내고 툭툭 털고 일어나는 사람이 될 것이라 믿는다.

지민————————

나는 지금 파주를 향해 가고 있다. 매일 통근버스 맨 뒷좌석에 앉아 한강을 건너고, 강변북로와 자유로를 오간다. 출근길도 퇴근길만큼 마음이 가볍길, 퇴근길은 출근길처럼 도로가 쾌적하길 바라면서 말이다. 항상 그렇듯 모든 일은 마음 같지 않고, 결국 잠을 청한다. 신입 때는 회사 앞 정류장을 지나칠까 봐 마음 편히 잠들지 못했지만, 이제 깊은 잠에 들었다가도 출판단지에 들어서면 저절로 눈이 떠지는 정확한 생체 리듬을 유지하게 되었다.

어느새 조무래기들과 처음 만났을 때와 너무나도 많이 달라진 나를 발견한다. 박사 과정 진학을 포기하고 학교 밖으로 뛰쳐나왔던 나에게 취업은 지상 최대의 목표였다. 편집자가 되어 돈을 벌 수 있다면 더 바랄 것도 없다고 생각했었다. 북에디터를 뒤적이다 하다와 가영이가 올린 조무래기 모집글을 발견했고, 출판계 취준생들이 모여 책을 만들어 보자는 그 용기에 자극받아 함께하고 싶다며 지원서를 냈다. 며칠 뒤 아르바이트를 하는 식당에 도착해서 일을 시작하기 위해 옷을 갈아입던 찰나, 조무래기 단톡방에 초대됐다. 그날만큼 일이 손에 잡히지 않았던 날이 또 있었을까.

결과적으로 우리의 시도는 성공이었다. 책은 좋은 반응을 얻었고, 우리는 모두 취업을 했다. 무(無)에서 시작한 사람들도 결국엔 목표를 이룰 수 있다는 희망적인 메시지를 이 책에 남겼다고 나는 믿는다. 우리가 함께였기에 가능한 일이었다. 이제 문제는 다름 아닌 '나'였다.

『서울특별시 취업안되구 무슨수로82』(이하 『취업안되구』)에서도, 편앓과 진행한 인터뷰에서도 나는 왜 편집자가 되려 하냐는 질문에 줄곧 이렇게 말했다. "잘할 수 있는 일을 찾아 왔다"고. 하지만 단단히 잘

못된 생각이었다. 대학원에서 하고 싶은 일이나 공부를 해도 역량의 한계에 부딪치면 불행해질 수 있다는 깨달음을 얻은 후 나름 진일보했다고 여겼던 내가 부끄러울 지경이었다. 무엇보다도 가장 큰 문제는 내가 (아직까지는) 이 일을 잘하지 않는다는 사실이었다. 내가 만들고 싶은 책을 기획하지 못하고 있다는 것이 오히려 다행이라고 느껴졌다. 기본적으로 갖춰야 하는 맞춤법, 디자인 요소들조차도 소화하지 못했다. 나는 꼼꼼하지 못했고, 책을 하나의 완성된 상품으로서 이해하는 능력이 부족했다. 자질이 없다, 배우는 속도도 더디다는 평가가 거듭될수록, 참을성이 부족한 나는 버텨 내겠다는 의지와 나 자신을 향한 믿음을 더욱 빠른 속도로 잃어 갔다.

충분히 예상 가능한 결과였다. 이상과 현실이 어떻게 같을 수 있을까. 학창 시절 나의 가슴을 미친 듯이 뛰게 만들었던 노래 제목처럼, 천국에도 그림자는 있었다. 누구나 자신이 꿈꾸는 천국이 어떤 모습일지는 잠깐 상상하면 그만이지만 현실에는 예상치 못한 문제들이 도사리고 있음을 다시금 깨닫는 순간이었다. 내가 잘할 수 있고, 하고 싶은 일이라 굳게 믿었지만, 다른 누구도 아닌 내 꾀에 내가 무너진 꼴이었다. 결국 스스로 극복해야 할 문제였다.

우선은 무작정 달리기 시작했다. 잠깐 일에서 멀어지기 위해서, 그리고 시소한 자존감을 회복하기 위해서였다. 효과는 괜찮았다. 숨이 차고 몸은 힘들었기에, 목표를 향해 나가려면 온전히 나 자신에게 집중해야 했다. 자신과의 약속을 지켰다는 성취감과 이 시간만큼은 헛되이 보내지 않았다는 위안으로 하루하루를 버텨 나갈 힘을 얻었다. 하지만 근본적인 해결책은 아니었다. 가장 중요한 것은 다름 아닌 일터에서 나의 역량을 인정받는 일이었다. 더 낳은 실책을 견뎌 내고 자신과의 싸움에서 이겨야 가능한 과제다. 아직은 여전히 어렵고 힘든 일이다.

그래도 변화는 분명했다. 1km도 뛰지 못했던 나는 이제 10km쯤이야 우습다. 힘들어서 정신 못 차리던 내가 이제는 달리면서 딴생각을 할 만큼 체력적인 여유도 생겼다. 모두 내 몸과 마음이 충격을 견디며 성장한 결과다. 일도 달리기와 비슷하지 않을까? 작은 성취가 모여 나는 성장하지 않을까? 생각이 여기까지 닿았을 때, 내 걱정은 기대로 바뀔 준비를 마쳤다. 힘차게 도약할 내일의 나를 상상하면서 나는 오늘도 달린다.

서울

내가 조무래기들과 책을 쓰고 있을 당시, 스물여섯에 내가 다녔던 대학교로 다시 돌아와 석사 과정을 밟을 걸 상상이나 했을까? 작년에는 로컬콘텐츠 기획자로 잠시 일하면서 현실에 안주했고, 그래서 절실함 없이 살았다. 물론 도시공학을 공부했던 나에게 로컬콘텐츠를 다루는 일은 흥미로웠지만, 일을 진행할수록 내 얕은 전공지식을 실무에 적용하는 게 위험하다는 생각이 들었다. 나름 4년 동안 성실히 공부하며 잘 지냈다고 생각한 대학 생활도 돌아보니 아쉬움만 가득해서 다시 공부를 계속할 마음을 먹고 연구실로 들어왔다. 4년 내내 봄을 알리던 학교 건물 앞 목련은 올해도 어김없이 꽃을 피웠는데 학사 때의 설렘은 어디 갔는지 찾아볼 수 없다. 사회에선 막내였으나 대학원에 와 보니 경험 '만렙'이 되어 버린 나는 학부생 때는 삭막한 정적과 어딘지 모르게 위압감이 느껴지는 선배들 때문에 문을 두드리기도 어려웠던 연구실을 이젠 매일, 도어락 비밀번호를 누르고 들어간다.

대학교를 막 졸업하고 방황하던 시기, 책을 같이 내자는 하다의 공고 하나 보고 무작정 상경한 내 모습을 회상하면 그렇게 무모할 수가 없다. 세상 무서운 줄도 몰랐고, 도전해도 특별히 잃을 것 없었던 스물넷의 나는 그동안 모은 돈을 챙겨서 서울로 올라와 방과 알바를 구했다. 잡지 에디터가 되고 싶었던 나는 그렇게 갑작스럽게, 무모하게 하고 싶은 일에 모든 걸 걸었다. 사실 그래 봤자 티끌만큼이지만 그때는 정말로 그랬다. 그렇게 출판계 취준생들과 2019년 5월, 종로에서 처음 만나 이야기를 나누었다. 나보다 먼저 현실을 마주한 조무래기 친구들은 나에게 많은 조언과 도움을 주었다. 조무래기들과 대담을 마치고 집에 돌아가는 720번 버스에서 항상 다짐을 했던 것 같다. 뭐든 해봐야지, 일단 하고 나서 후회해야지, 하고. 당장 잡지사의 '신입' 모집이 없더라도 관련된 활동들, 비슷한 일들을 찾아서 하려고 했다. 교정교열 수업이나 잡지사에서 개설한 에디터스쿨 수업, 서포터즈 활동 등을 하면서 조무래기들의 뒤를 쫓았다. 그렇게 이력서와 자기소개서에 쓸 내용이 생기면서 본격적으로 구직 활동을 했고, 비록 잡지사는 아니지만 로컬콘텐츠를 기획하는 업무를 맡게 되었다.

일을 하면서 로컬콘텐츠 관련 창업을 지원하는 프로그램에 참여하게 되었다. 사실 이때쯤에는 로컬콘텐츠 기획자로서의 목표가 희미해지고 있었다. 앞서 말했듯 임시직으로나마 취직을 했고, 어느 정도 잘 적응하고 있었기 때문이다. 창업 프로그램을 같이 듣던 팀원들이 함께 매거진을 창설하자고 제안했고, 나는 물 흐르듯 기획부터 참여하게 되었다. 하지만 문제는 이세부터였다. 프로그램의 일부분인 경영 수업을 들으면서 잡지가 과연 창업 아이템으로 적합한 것인지 의문이 들기 시작한 것이다. 평가 시간이 되면 다른 팀들은 공간, 제품, 어플 등 사람들이 자주 찾으면서도 돈이 되는 사업아이템을 내미는데 당시 우리가 내는 아이디어는 그냥 아이템이었을 뿐 수익 사업이 될 수 없었다. 매거진을 준비하면서 서포터즈로 활동했던 출판사의 대표님을 만난 적이 있다. 처음에는 디자인 회사로 시작했고, 지금도 디자인 일을 하는 동시에 공간 대여를 하면서 회사를 운영하고 있다고 했다. 현실적으로 매거진 발행으로 버는 돈만으로는 잡지 자체도 유지하기 힘들다고 말씀하셨다. 다른 회사들을 찾아봐도 잡지만을 사업아이템으로 고집하는 곳은 없었다. 모두 공간을 이용해 쇼룸이나 카페를 운영하는 등 잡지를 안정적으로 발행할 수 있는 돈이 되는 사업을 병행하고 있었다.

프로그램이 끝나고 계약도 마무리가 되어 나는 다시 대학으로 돌아왔다. 이대로 포기는 아니다. 아직 나는 로컬매거진을 만들겠다는 꿈을 접지 않았다. 아직 나에겐 내 역량으로 만들 수 있는 탄탄한 사업아이템이 없기 때문에 공부가 더 필요하다는 판단이 섰다. 석사 공부 4개월 차, 전공에 대한 호기심을 되찾고, 사업아이템을 발견하기 위해 나는 열심히 두리번거리고 있다.

가끔 초심을 잃을 때마다 조무래기들과 만든 책을 펼쳐 본다. 절실함과 진심만이 가득했던 날들을 기록한 게 참 다행이다. 지금도 그때의 마음가짐을 내 속에서 찾으라면 찾을 수 있지만 먼지 구덩이에 싸여 있다. 현실을 사느라 구석에 내버려 두고 있는 탓이다. 너무 더러워져서 쓰이지 못할 때까지 두지 않고 수시로 꺼내 보며 먼지를 털어 주려고 한다. 언젠가 또다시 목표를 잊고 안주하고 있을 나에게 그때의 절실함을 상기시켜 줄지도 모를 테니 말이다.

나는 지금 서교동의 한 북카페에서 흘러나오는 노래를 들으며 이 글을 쓰고 있다. 퇴사 소식을 전달한 뒤 맞이한 첫 주말이어서 기분이 여느 때보다 싱숭생숭하다. 노래는 봄날의 라일락 향기처럼 달콤하고 몽환적이다.

어느 작별이 이보다 완벽할까
어느 이별이 이토록 달콤할까

역설적인 가사들이 문득 마음에 꽂힌다. 따스한 봄날, 화자는 이별을 예감하고 있다. 그러나 연인을 만나러 가는 마지막 길에서 그녀는 슬퍼하는 대신 '아, 얼마나 기쁜 일이야'라고 외친다. 아마도 사랑했던 기억을 아름다운 추억의 한 페이지로 남기고자 눈물을 꾹 참으며 영탄하는 것 같다.

"회사랑 연애하지 마."

한 선배가 나에게 이렇게 말한 적이 있다. 내가 너무 연애하는 심정으로 직장에 다닌다고 생각한 모양이다. 오늘 이렇게 돌이켜 보니, 정말로 그랬던 것 같다.

2019년, 출판업계에 이제 막 입성한 조무래기 마케터였던 나는 호기로웠고, 호기심이 많았다. 나와 취향 공동체를 형성하고 있는 사람들과 만나는 것이 마냥 즐거웠다. 그래서 『취업안되구』 프로젝트에 참여했고, 그 이후에도 자꾸자꾸 업계 사람들과 연을 늘려 갔다. 일로 만난 사람들에게 참 많은 애정과 관심을 쏟았다. 마치 가까운 친구나 연인에게 하듯 말이다.

지난 2년간 나에게 출판 마케터로서의 일은 생계유지를 위한 것을 넘어 더 이상적인 무엇이었다. 광고업계에서 이력을 쌓으며 출판업계에 들어올 날만을 고대했기 때문에 출판 일을 다른 일보다 더 낭만적으로 생각하기도 했다. 출판계 종사자들이 어떤 방식으로 책을, 그리고 자신의 직업을 사랑하는지 알아서, 그래서 회사 안의 사람들과 더욱 감정적인 연대를 하며 함께 나아가고 싶었다. 구성원들 모두가 간절한 마음으로 책을 만들고 소개한다면 어쩌면 독자들도 우리의 진심을 알게 되지 않을까. 그리고 진심이 전해진다면 책이 더 많은 사랑을 받을 수 있지 않을까, 이런 달콤한 생각들을 수없이 했다.

그러나 어느 순간, 인간관계에 매여 있는 나를 발견했다. 일이 끝나고 나서도 일과 사람에 대한 생각을 놓을 수 없었다. 그래서 제대로 쉬고 있다는 생각이 들지 않았다. 머리로는 어느 정도 거리를 두는 게 좋다고 생각하면서도 실천은 힘들었다. 그러다가, 이런 감정적인 관계 때문에 정작 힘을 쏟아 마케팅했어야 할 책에 주의를 더 기울이지 못한 건 아니었는지 돌아보게 되었다. 책과 책을 만든 사람들에게 애정이 있다고 해서 절대적으로 책이 잘 팔리는 건 아니다. 오히려 내가 마음이 안 간다고 해서, 내 기준에 좋은 책이 아니라고 해서 객관적인 판단을 내리지 못한 경우도 많지 않을까.

이곳에서 일한 지 2년 반이 된 지금, 나는 벌써 두 번째 이직을 앞두고 있다. 출판계가 이직이 잦다는 건 알고 있지만 남들보다 꽤 이르게 두 번의 퇴사를 맞은 것이다. 『취업안되구』를 쓸 당시만 해도 '프로이직러'가 될 줄은 꿈에도 몰랐는데.

이다음에 일을 할 때, 나는 객관적이고 이성적인 마케팅에 더 중점을 두고 싶다. 대중의 관심사나 데이터에 기반하여 더 현실적인 홍보 방법을 모색하고 싶다. 나 자신을 위해서도, 책과 동료들을 위해서도 어쩌면 내 감정의 크기를 줄이고 보다 더 이성적으로 접근하는 게 맞는다는 생각을 하고 있다. 관계를 맺음에 있어 어느 정도 냉정함을 유지하려는 노력이 앞으로의 나에게 가장 필요하다는 생각도 함께 하고 있다.

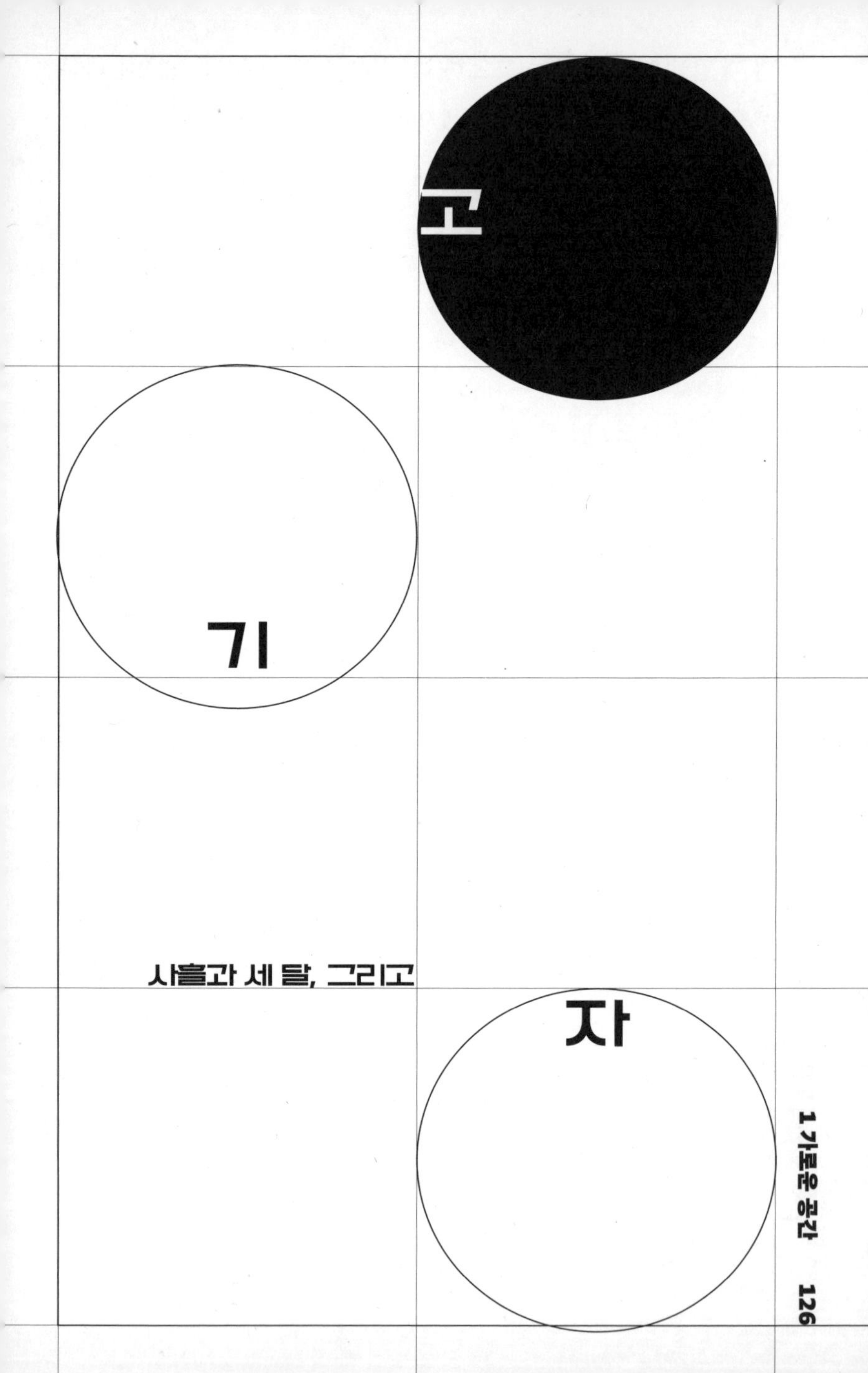
고
기
사흘과 세 달, 그리고
자
1 가르는 공간 126
1 가르는 공간 126

PRESS

세로운 시간	2020년 11월 3일, 4일, 8일, 15일, 12월 6일, 17일, 27일, 30일 2021년 2월 8일, 10일
가로운 공간	각자의 집
교차한 우리들	고기자(@gogizanim_), 그리고 편앎의 김윤우, 지다율

'고기자' 계정에 은은히 깔린 감성은 '나의 이야기를 하고 싶지만, 내가 누군지는 사람들이 몰랐으면 좋겠다'입니다. 그러는 동시에 이 게시물에서는 '(자의든 타의든) 희미해진 (나의) 정체성에 대한 인지에서 (우리의) 연대로의 확장'이 읽혔습니다. 그렇다면 '고기자'는 누구일까요? 누구일 수 있을까요? 누구여야 할까요?

'고기자'가 고양이의 모습을 한 가장 큰 이유는 제가 고양이 세 마리를 키우고 있는 사람이기 때문입니다. 고양이는 집에서 가장 자주 보는 친구들인 데다가, 아무래도 제가 그림을 전문적으로 배운 적이 없는 만큼 인간을 그리는 것보다는 고양이를 그리는 것이 좀 더 쉽기도 합니다.

그리고 인간인 기자를 고양이로 그린다면, 나이 또는 성별을 굳이 드러내지 않아도 된다는 강력한 장점이 있다고 생각했습니다.

기자마다 놓인 상황은 다릅니다. 우선, 속한 매체(방송, 신문, 통신사 등)의 성격에 따라 일하는 환경이 다를 것입니다. 또, 여성 기자와 남성 기자가 일터에서 겪는 경험은 다를 수밖에 없고, 연차가 낮은 기자와 어느 정도 쌓인 기자의 경험 역시 다를 수밖에 없습니다. 그러한 경험은 보통 '나이가 어린' '여성' 기자에게 가장 폭력적으로 생성되곤 합니다. 그러나 그러한 경험들을 또다시 '나이가 어린 여성'의 이미지를 통해 재현하여 대상화할 필요는 없다고 생각했습니다. 어떤 식으로든지 '그녀'의 얼굴을 그리는 데에는 제 고정관념뿐만 아니라 타인의 인식까지 고정할 수 있는 위험이 있으니까요.

기자를 고양이의 모습으로 표현하니 제게는 오히려 더 큰 자유가 생겼습니다. 길에서 본 고양이를 그릴 때도 있고, 친구의 고양이를 그릴 때도 있고, 집에서 키우는 세 마리 친구의 무늬를 기반으로 조금씩 다르게 그릴 수도 있습니다. 그렇게 보다 다양해진 '익명성' 덕분에 저는 보다 자유롭게 제 얘기를 할 수 있었고, 제 이야기가 아닌 다른 기자들의 이야기도 담을 수 있었습니다.

그래서 고기자는 아무도 아닙니다. 그리고 동시에 기자 모두입니다. (영화 『킹덤 오브 헤븐』의 살라딘 톤으로) 고기자 계정에 올라오는 이야기는 제 이야기지만, 동시에 모두의 이야기입니다. 심지어 '고기자'의 '고'는 '고양이'의 '고'인데, 고씨 성을 가진 기자분들이 억울하게(?) 의심을 당하고 있다는 이야기도 가끔 듣습니다만, 정말로 아무도 아닌 그냥 고양이 기자의 이야기일 뿐입니다.

기자가 노동을 통해 생산하는 것들에는 '바이라인'이라는 꼬리표가 항상 따라붙습니다. 그러나 정작 기사를 읽는 사람들은 그 기자의 이름은 기억하지 못하곤 합니다. (저도 하루 종일 많은 기사를 보지만, 그 기사를 쓴 사람의 이름은 전부 외우지 못해요.)

어쩌면, 이야기가 전부 그런 방식으로 만들어지고 전해진다는 것이 지금 시대의 본질이 아닐까 해요. 우리에게 주어진 시간은 한정적인데 정보는 너무 많으니까요. 저는 제 이야기를 하고 있지만, 제 이야기만을 하고자 했다면 이 그림들을 그리지 않았을 것 같습니다.

대중매체에서 기자를 그리는 방식이 굉장히 단순하고 피상적이라는 데 평소 불만을 가진 사람인데요. 혹시 괜찮게 보신 저널리즘 영화나 드라마, 또는 만화 등이 있다면 추천 부탁드립니다. (현직 친구들이 『열정 같은 소리 하고 있네』를 제법 공감하면서 재밌게 봤다는 소리를 할 때면, 음, 내가 뭐 굳이 신경 쓸 바는 아닌가, 하는 생각이 들긴 합니다.)

매체에서 '기자'를 그리는 방식이 피상적이라는 말씀에 공감합니다. 저도 많은 영화와 드라마, 만화를 보고 게임을 하는 사람이지만 보통 매체에 나오는 기자는 '아주 사명이 넘치는 열정맨'이나 '민폐 기레기', 둘 중 하나일 뿐이라서 대부분 재미가 없더라고요.

예시로 들어 주신 『열정 같은 소리 하네』는 재미있는 영화는 아니지만 문화인류학적인 가치가 있는 영화라고 생각합니다. 영화 내에서 다른 역할(국장이나 평기자 등)은 몰라도 연예부장 역할로 나오는 정재영 배우를 보고 자신의 '데스크'의 일부라도 떠올리지 않는 기자는 아마 없지 않을까 해요.

아무리 생각해도 떠오르는 것이 별로 없네요……. 최근 올린 드라마 「허쉬」를 다룬 게시물에도 그랬지만 주변의 의사나 간호사 친구들이 「슬기로운 의사생활」과 「그레이 아나토미」를 보고 괴로워하는 것처럼 기자들도 기자가 나오는 콘텐츠를 보면 괴로울 수밖에 없나 봐요.

인생 'N±1'회차를 살 수 있다면 어떤 '~시생'이 되어 보고 싶으신가요?

저는 '언시생 생활'이 즐거웠습니다. 그때처럼 합법적으로 많은 책을 읽고 영화를 보고 술을 마시고 '세상 얘기'를 해도 되는 때는 드물었습니다. 우스갯소리로 지금 기자 친구들하고는 "우리가 그때 너무 놀아서 벌을 받는다"고도 말합니다. 인적성에 토익에, 온갖 공부를 하면서 힘들었던 '취준'을 한 것은 아니었으니까요.

그래서 다시 언시생을 하는 것도 나쁘진 않을 것 같습니다. 개인적으로 굉장히 평화로웠던 백수 시기였기 때문에 즐거운 기억으로 남아 있어서요. 그때 스터디 등을 통해 만난 친구들과도 아직까지 잘 지내고 있고요. 어쨌든 나쁘지 않았던, 인생 준비의 한 기간이었던 것 같아요.

만약 기자가 아니라면 무엇을 했을까, 언시생이 아니었다면 무엇을 준비했을까, 하는 질문이 그래서 어려운 것 같아요. 그래도 저는 무언가를 읽고 쓰는 것을 좋아하고, 누군가 제가 만들어 낸 것을 봐 주는 게 좋아서 약간 '샤이(shy) 관종'이라는 생각이 들 때가 있거든요. 그래서 결국은 뭔가 콘텐츠에 관련한 것들을 준비하지 않을까 싶습니다.

사실 저는 언론사 최종면접에서 무려 7번이나 떨어졌던 경험의 소유자입니다. 서류 통과, 필기 통과는 잘 되는데 자꾸 최종에서만 떨어지니까 오히려 자신감이 쪼그라들었어요. 글은 괜찮아도 사람이 덜 된 건가 싶어서요. 그래도 꾸역꾸역 뭔가 하면서, 끊임없이 내가 기자에 맞지 않는 것 같다는 합리적인 의심(아마 그래서 그들이 저를 거듭해서 떨어뜨렸던 것이 아닐는지……)을 하면서 하루하루를 버티고는 있네요.

그래서 가끔 광고 회사 면접을 본 적도 있습니다. 카피라이터 직무였는데, 아무래도 잘 팔릴 만큼의 센스는 없어서 그것도 자꾸 떨어졌나 봐요.

대단하게 세상을 바꾸는 기자는 아니더라도, 꾸준히 자신의 자리에서 올바른 정보를 전달하고 사람들에게 소개할 수 있는 역할도 좋다고 생각합니다. 그렇게 작은 것들을 하루하루 성실하게 쌓아 가는 편이 '위대한 한 방'보다는 제게 더 맞는 자리 같습니다.

신문도 기사도 읽지 않는 시대입니다. 그렇다면 지금은 무엇을 읽는 시대일까요?

　　일을 시작하기 전부터 가장 많이 들었던 말입니다. 언론은 사양산업이니까 지금이라도 좋으니 다른 길을 찾아봐라. 물론 '지망생 시절'에는 기자가 그렇게 멋있어 보일 수 없더라고요. 그래서 수많은 이들이 지금도 언론의 문을 두드리고, 어려움 끝에 기자가 된 이들은 하루에도 몇 번씩 '기렉시트'를 외치고 있는 게 요즘의 상황인 것 같습니다.

　이건 출판사를 다니는 친구들과도 하는 말인데, 사람들은 이제 신문도 기사도 읽지 않을뿐더러, 모든 것을 읽지 않는 것 같아요. 그냥 ‘읽기’라는 행위에 예전만큼 큰 의미가 있는 것 같지 않습니다. 사람들은 무언가를 읽는 대신 ‘3줄 요약’, ‘핵심 정리해 준다’는 제목을 단 유튜브 영상을 봅니다. 이제 시간을 들여서 직접 정보를 취합하고 이를 해석하고 받아들이는 것이 ‘힙’한 행위일 수는 있지만, 효율적인 활동은 아닌 셈입니다.

　하지만 ‘재미있는 것’이라면 읽기를 마다하지는 않는 것 같아요. 수많은 사람은 단지 조금 더 읽기 편하고 재미있는 쪽으로 넘어간 것이지, 읽기를 그만두지는 않았다고 생각합니다. 만약 아무도 글을 읽지 않는다면 ‘웹소설 작가’가 하나의 성공 모델로 자리 잡지는 않았을 테니까요.

　재미있는 것, 그리고 요즘 흐름에 맞는 것이라면 여전히 읽히는 시대입니다. 쓰는 사람이라면 누구나 읽는 사람을 먼저 들여다봐야 할 수밖에 없는 시대가 온 것 같아요.

수습기자라는 단어가 마지막으로 등장한 게시물입니다. 수습기자가 끝나면 월급을 100% 받고, 또 무슨 일이 일어나나요?

수습기자가 끝나면 일단 월급을 100% 다 받을 수 있습니다!(가장 중요) 비록 많은 돈은 아니지만 내가 '한 사람 몫'을 하고 있다는 것을 고용주로부터 인정받는 기분은 나쁘지 않습니다.

다만 그 '한 사람 몫'에 대한 부담이 시작됩니다. 이제 하나의 '내 이름'을 단 기사를 쓰고, 어엿한 편집국의 구성원으로서 당직 순번이 돌아옵니다. 그렇게 기자로서 홀로서기가 이뤄지는 만큼 이전보다는 더 노력해야 하는 새로운 순간을 맞게 됩니다.

'하리꼬미'[1]가 사라졌다는 소식을 들었습니다. 어떻게 생각하시나요? 고기자 님이 생각하시기에 가장 사라져야 할 언론계의 악습은 무엇인가요?

언론계의 대표 악습이라고 여겨지는 '하리꼬미', '사쓰마와리'[2] 등은 주 52시간 제도 도입과 함께 점점 사라지고 있지요. 제가 처음 수습기자로 입사했을 당시에도 주 52시간을 지켜 주기 위해 오전 조와 오후 조로 나누어서 '마와리'[3]를 돌리는 회사들이 종종 있었어요. 아마 지난해부터는 더 많은 회사가 이를 없애는 추세라고 알고 있습니다.

지금 돌이켜 생각해 보면 저는 '마와리' 때 거의 제정신이 아니었어요. 그림으로 그리기에 적절한 내용이 아니라고 생각해서 그리지는 않았지만, 당시 썼던 일기에 '차라리 차에 치이고 싶다, 그러면 몇 주는 편하게 쉴 수 있고 내가 사고를 내면 누군가에게 사건으로 기록돼 보고거리가 되겠지'라는 내용이 적혀 있더라고요. 실제로 저는 올해 DM으로 가끔 다른 이들이 그런 비슷한 말(사고 나고 싶다, 죽지 않을 만큼만 아프고 싶다)을 하는 것을 받아 보기도 했습니다.

하지만 그런 육체적인 피곤함과 정신적으로 한계에 몰린다는 경험이 가장 큰 악습은 아닐 것입니다. 가장 큰 악습이라면 역시 '직업적 페르소나의 과한 발현에서 나오는 라떼 정신'이 아닐까요.

1. 하리꼬미: 경찰서에서 숙식을 해결하며 밤새 취재하는 일.
2. 사쓰마와리: 경찰서를 순회한다는 뜻.
3. 마와리: 보통 '사쓰마와리'와 동의어로, 준말로 사용된다.

늘 '내가 기자다'라는 인식에 사로잡힌 채로 세상을 대하는 기자들을 많이 봅니다. 직업과 자신을 분리해 내지 못하니까 인간 대 인간으로서 맺어야 할 관계, 그 사이에서 지켜야 할 것들을 넘겨 버리는 기자들을 많이 봅니다. 그런 관습과 인식들이야말로 보이지 않는 적폐가 아닐까 해요.

이모티콘 작업은 어떻게 되었나요? (꼭 나왔으면 좋겠습니다.) 이 밖에도 '고기자' 작업의 연장선상에서 계획하시는 게 있으신가요?

이모티콘 작업은 개인적으로도 숙원입니다. 처음 그림을 그리기 시작했을 당시에 보다 많은 사람들이 그림을 봐 주면 좋겠다고 생각해서, 이모티콘으로 만든다면 일상생활에서 많이 사용하고 자주 볼 수 있지 않을까 하며 떠올린 아이디어입니다.

다만 현재는 대형 플랫폼인 '카카오톡'의 승인을 거쳐야만 이모티콘 출시가 가능한데, 워낙 뛰어난 이모티콘들이 많다 보니 솔직히 지금은 자신감을 좀 상실한 상태입니다. 그림이 별로인 것도 있지만 아무래도 기자를 비롯한 마감노동자들만이 많이 쓰게 된다면 범용성이 조금 떨어지지 않을까 싶기도 하고요.

'움직이지 않는 그림' 32개를 제출해야 심사받을 수 있다는 것이 규정인데, 하루에 하나씩이라도 그리다 보면 언젠가는 32개를 채울 수 있지 않을까 합니다. 주변에 미리 '이모티콘 만들어야지' 했다가 심심하면 한 번씩 재촉받는 기분을 아직까지는 만끽만 하고 있습니다. (마치 인기작가가 된 기분이랍니다.)

넵 부장
네~!
여
당직이요
킬
풀 있으신분?
요일 (no지면)
마감중

0.

안녕하세요, 인스타그램 계정(@gogizanim_)을 통해 일상 만화를 그리고 있는 고기자입니다. 저는 한 신문에서 3년 차 기자로 일하고 있으며, '벌써 3년이나 됐네'와 '아직 3년밖에 안됐다니'를 하루에도 몇 번씩이나 오고 가며 정신없는 하루를 보내고 있습니다. 제가 그리는 만화는 제 이야기이지만, 동시에 제가 만난 모든 동료들의 이야기이기도 합니다. 평범한 직업인이고, 평범한 사람들로서 모두 비슷하게 고민하며 사는 이야기를 그리고 있습니다. 모든 직장인들이 겪는다는 '333(3일째, 3개월째, 3년째)' 퇴사 위기의 딜레마, 기자도 똑같이 겪습니다. 모두가 '언론은 망할 것이고, 언제 망하는지는 시간의 문제'라고 말하고, '기레기'라는 단어가 흔하게 쓰이는 세상에서 3년 차 '주니어'로서 무엇을 해야 할지, 어떻게 살아야 할지 고민은 더욱 깊어만 갑니다.

1.

입사 후 사흘째, 저는 처음으로 '이 길이 내 길이 아닐 수 있겠다'는 생각을 했습니다. 아직 고통의 '사쓰마와리'도 시작되지 않았을 시점입니다. 매일매일 다른 출입처를 방문해 보고, 현장에서 일하는 사람들의 이야기를 듣고, 태어나서 처음 보는 사람들과 밥을 먹고 술을 먹는 것이 제게는 너무 힘든 일이었기 때문입니다. 물론 낯을 가리는 편이라는 것은 익히 알고 있었고, 그래도 각종 아르바이트 등을 통해 익혀 온 사회성들을 발휘하면 될 줄 알았는데 그러기에는 제가 쌓아 온 능력이 부족했습니다. 여러 명이 모여서 한꺼번에 잔을 모아다가 소주와 맥주를 섞고, 돌아가면서 건배사를 하고, "이렇게 숫기 없어서 어떻게 일을 할래"라는 말을 들을 때마다 그들의 말이 틀리지 않은 것을 알아서 괴로웠습니다.

처음 누군가를 만나서 이야기하는 것이 이렇게까지 어려울 일인가? 싶을 때마다 곧 현장에 내몰리게 될 자신을 생각했습니다. 그리고 그럴 때마다 '정말 잘못된 선택을 한 것은 아닐까' 하는 생각이 뒤따랐습니다. 그리고 갑자기 20년 넘게 살아온 인생까지 되짚어 보게 됩니다. 차라리 어른들 말 잘 들어서 경영학 부전공 하고, 제대로 공부하고 뭐라도 해서 기자 하지 말걸, 괜히 사람들이 기자를 3D 직종이라고 부르는 게 아니었구나, 이런 생각이 계속해서 스쳐 가고 있는데 잔은 받고 채워야죠, 그래야 '사회생활' 잘 하고, 넉살 있는 수습이니까요. 그렇게 어영부영 시간을 지내다 보면 내가 맡아야 할 '나와바리'가 정해지고, 차디찬 바깥으로 쫓겨납니다.

?
여긴 누구, 나는 어디 ?

건배~
x 10
자 다들
술톤 100%
그래
천천히
마시게나

← 사회성의
굴레
(힘겹게 조롱중)
갈곳잃은눈동자
으하하
기괴한
입꼬리
점점
심화되는
손떨림
사회성이라곤 없는데 내 입사 후 첫 회식이란

허어 이번기수는
숫기가 다들
없어
아
제가
준비된
사회성이
소진돼서...
거대한 고통과 후회의 서막에 불과했다...

2.

그리고 세 달째, 저는 길 위에 서 있습니다. 눈이 제대로 떠지지 않았지만 일단 나오고 봅니다. 나와서 해가 뜨지 않은 길을 헤매고, 대충 파란 불이 켜져 있는 파출소에 불청객처럼 머리를 들이밉니다. 그리고 당직 근무 교대를 준비하는 경찰들에게 크게 "안녕하세요"라고 외칩니다. 불과 3개월 전만 해도 상상할 수 없는 모습이었는데, 이것도 어쩌면 '자본주의가 낳은 괴물'일 수도 있겠네요.

마지막 보고는 오후 10시에 끝나고, 첫 보고는 오전 7시에 시작됩니다. 다만 보고에 들어갈 만한 사건이나 정보가 필요하기 때문에 저 시간이 곧 출퇴근 시각은 아닙니다. 여기에 출퇴근에 걸리는 시간 등을 고려하면 차라리 집에 들어가지 않는 게 이득이라는 계산이 나오고요, 씻는 시간도 아깝다는 결론이 합리적으로 도출됩니다. 그래서 나오는 것은 씻지 않은 채로 패딩을 뒤집어쓰고, 경찰서 기자실에서 새우잠을 자는 모습……. 저도 씻고 싶고, 집에서 편하게 자고 싶은데, 그게 그렇게 되지 않습니다. 그리고 꼬질꼬질한 모습으로 잠 좀 깨보겠다고 담배를 피우고, 커피를 붓고, 그러다가 조금이라도 자주 본 경찰 아저씨가 나오면 일부러 더 밝게 인사하고, 밥 한 끼 먹고, 와, 이러다가 사회성 교재를 집필해도 될 것 같은, 괄목상대란 이런 것일까요.

이렇게 대충 하루를 살아가고는 있지만 사실 새벽에 눈을 뜰 때마다 갑자기 큰일이 생겼으면 좋겠다고 생각했습니다. 하루를 때울 만한 거대한 사건이 세상에 일어나거나, 아니면 나에게 '무언가' 일어난다면, 어떨까 하는 생각입니다. 사회의 평화를 위해 일하고, 더 좋은 사회를 만들기 위해서 일한다는 사명을 갖고 회사에 들어온 주제에 저런 생각을 하는 것이 배은망덕한 일이기는 하지만, 잠을 제대로 자지 못한 상태였던 만큼 이상한 생각이 드는 것도 막기는 어려운 일이었습니다. 사실 커다란 일이라고 해 봤자 갑자기 차에 죽지 않을 정도로만 부딪혀서, 3주 정도 다친다면 좋겠다는 생각을 제일 많이 했습니다. 그러면 '사쓰마와리' 종료 시간과도 가까워지고, 같이 이 길을 걷고 있는 친구들에게도 하나의 사건 보고거리가 될 수 있고, 더 나아가서 만약 이 일을 계기로 수습기자 교육 방식에 대해 문제가 제기되고 사회적인 의제로 떠오를 수 있다면……. 역시 잠을 못 자서 그런 것이 맞았던 것 같네요.

눈만 붙였다 하면 잠을 잤습니다. 버스를 타거나 지하철을 타고 다음 장소까지 이동하는 시간에라도 잠을 자지 않으면 도저히 하루를 꾸려 나갈 수 없을 것 같았기 때문입니다. 그때 자지 않으면 재판에 들어가서 졸 것 같았고, 집회에 가서도 졸 것 같았습니다. 그리고 그럴 때의 도시전설이라면 역시 작은 파출소장님이 해준 이야기, "어떤 젊은 여자 수습 방송기자, 졸면서 걷다가 아스팔트 위에 쓰러져서 그 예쁜 얼굴이 다쳤대" 이런 것 정도가 떠오르네요. 괴담은 결국 그 당시 공포를 반영하는 이야기니까요.

그리고 이상하게도 저는 그때부터 만화를 그리기 시작했습니다. 잘 시간도 없는데 말이에요. 그냥 지나쳐 버리면 기억나지 않을 것 같아서, 영원히 잊어버리면 아까울 것 같다는 생각이 들어서 말입니다. 다만 기자수첩 한편에 낙서들은 아직 고양이 모습을 하고 있지 않았습니다. 경찰서에서 많이 보는 얼굴들을 한 여자 캐릭터의 모습이었고, 점점 고양이가 됐습니다. 고양이라면 경찰서에도 많이 살고 있었고, 길에서도 많이 만날 수 있었으니까요. 철거를 앞둔 동네, 그리고 집회 가는 길의 뒷골목, 새벽 인적이 드문 길을 마치 제가 주인인 양 걸어가고 있는 고양이들, 그렇게 '고기자'가 나왔습니다.

이제는 주 52시간 제도가 많이 정착됐고, 기존 수습기자 교육 등에 의문을 제기하는 분들도 많아서 점점 '사쓰마와리' 문화는 사라지는 중입니다. 당장 저희 회사만 해도 하루 종일 '마와리'하는 대신 오전조와 오후조로 나누어서 교육을 실시했으니까요. 세상은 분명 느리지만 점점 더 좋은 방향으로 나아가고 있습니다.

제가 어느덧 만화를 그리기 시작한 지 2년이 됐고, 기자라는 이름을 갖고 일한 지는 3년째를 맞았습니다. 그래도 고정된 출입처가 생겼고, 한 부서에서 2년이라는 시간을 보내다 보니 편하게 연락할 수 있는 사람도 많이 생겼습니다. 인정하기는 싫지만 가끔은 내가 이 일에서 재미를 느낄 때도 있다는 사실을 알게 되기도 했습니다. 셀카 앱의 필터를 통해 본 얼굴이 진짜 얼굴이면 좋겠는 심정처럼, 어쩌면 회사에서 일하고 있는 제 자아가 진짜 자아이기를 바라고 있는 것일지도 모르겠습니다.

다만 저 스스로가 일에 익숙해져 가고 있는 것과는 별개로 수시로 떠나가는 사람들이 있습니다. 그들은 저보다 오래 일을 한 사람이기도 하고, 저와 동료이기도 하고, 혹은 들어왔다가 빨리 발걸음을 돌리는 이들이기도 합니다. 그렇게 많은 것이 달라지고 있지만 여전히 하루는 너무 정신없이 지나가고, 하루하루 닥쳐오는 마감을 막다 보면 장기적인 무언가를 생각할 시간은 너무 부족합니다. 사회적인 얼굴이기는 하나 이전보다는 인사성이 밝아졌고, 시답잖은 농담도 늘었고, 주량이 늘었습니다. 코로나19로 가끔은 재택근무를 하기 때문에 살이 더 쪘고, 가끔은 외로움을 느끼고, 이전보다 고민에 나잇살이 더 붙었습니다.

아직도 퇴근하면 가끔 만화를 그립니다. 「기자협회보」를 통해 한 달에 한 번은 연재도 합니다. 만화를 그려서 만화에 대한 고료를 받게 되다니, 어렸을 때 생각했던 만화가라는 직업에 무언가 한 걸음 더 가까워진 것 같기도 합니다. 만화 그만 보고 공부나 하라는 핀잔을 들었지만, 이제는 멀쩡하게 회사도 다니고 가끔은 만화를 그리고, 만화책을 많이 사도 혼나지 않는 어른이 된 셈입니다.

내가 하루에 잘 수 있는 시간은 많아야 3시간이었다.
Z Z Z
눈만 감으면 어디서든지 잘수 있음
언제 빤것인지, 빨수있는지 알 방도가 없는 패딩
코어어
코어어
Z Z Z
그야말로 어디서든 눈만 붙였다 하면 잠이 오는 것이다

그리고 마치 자동응답기처럼 멘트를 쏟아냄
안녕하세요 선생님
다름이 아니라 직접 만나서 흑시 실2게 거만
저는 XX 일보 수습기자 XX 인데요
제가 지금 수습교육중연데 말씀을 들어보고 있어요
어떻게 오셨는지...
까칠스럽게... 잠도 안깬 주제에

걸어다니는 민원창구가 된 느낌이 들었다
점점 떨리는 눈동자
각종 아항한 사면의 소유자 항상 화가 나있음
(다만.. 실제의 그것처럼 큰 도움이 되지는 X)

3.

지난겨울 「편않」과 인터뷰를 진행하면서 저는 거의 처음으로 '인터뷰 대상이 되는 것의 즐거움'을 느꼈습니다. 직업상의 이유로 많은 이들에게 질문을 하고 인터뷰를 진행하지만, 누군가에게 인터뷰 당하는 것은 저에게도 생소한 경험이었습니다. 이상하게 그때에는 저에게 인터뷰를 요청하는 사람들이 많았고, '물 들어올 때 노 젓는다'라는 기분으로 모든 것에 열심히 응했으나, 만족스러운 답변을 드렸는지에 대해서는 확신이 없습니다. 사실 저는 말재주가 없는 편입니다. 센스도 없는 편이고요. 그래서 발표하는 것을 언제나 싫어하는 친구였는데, 아마 말보다는 글이 한 번 더 생각해 볼 시간이 주어진다는 점에서 기자를 선택한 것도 있는 것 같아요. 그런 점에서 모든 인터뷰가 제 신상을 배려해 주셔서 서면으로 진행됐다는 부분이, 그나마 안도할 만한 지점이 아니었나 싶습니다.

다만 지난번에 진행했던 인터뷰들을 다시 들여다보면 좀 지나치게 징징대지 않았나 싶기도 합니다. 아무리 제가 힘들다고 말해 봤자 기자는 기자고, 여전히 '기레기'로 불리고 있으며, 지금 이 순간에도 쓰지 않아야 할 것들을 공론장으로 끌어오고, 정작 중요한 일들에 대해서는 적지 않고 있습니다. 사회에서 제 역할을 해내지 못하는 어떠한 직업 집단의 일원으로서, 지나치게 '징징대는 것'이 역효과를 불러올 수 있겠다는 생각을 자주 합니다.

다만 기자가 단일한 집단인 것은 아닙니다. 그 안에는 물론 뜨거운 직업 정신에 불타고 있는 자들도 있겠지만, 저처럼 소심한 사람도 있습니다. 제가 경험한 기자 세상에는 소심하지만 '거짓말하지 않는다'는 작은 목적을 위해서 하루하루를 살아가고자 하는 사람들이 더 많습니다. 거대한 악을 쫓고 몰아낼 수는 없어도 누군가에게 쉬운 언어로 설명하고,

남들이 귀찮아할 만한 분석들을 대신 수행하고, 가끔은 '이렇게 생각해 볼 수 있겠구나'라는 식의 새로운 질문을 뽑아내는 사람들 말입니다. 이들의 모든 일들이 세상의 눈에 차지 않을 것이라는 사실을 충분히 이해합니다. 그렇지만 하루하루를 열심히 살아 내고, 빨리 퇴근하고 싶어하고, 주말에는 회사 연락 받는 대신 누워만 있고 싶은 사람의 모습을 하고 있는 한 저는 기자라는 제 정체성을 저버리기 어려울 것 같다는 생각을 종종 합니다. 그러면서도, 사회적으로 우리가 어떤 일을 해야 하는지 잊지 않는 것이 중요하겠지요. 그리고 동시에 이 집단에 속한 '젊은이'로서, 어떻게 현실을 바꿔 나가고 새로운 모습을 제시할 수 있는지 제가 있는 한 고민을 계속 해야 한다고 생각합니다.

어느덧 직장인들이 가장 퇴사 하고싶다는 3년차
나름 살아있는 눈빛
함께 맛가고 있는 노트북
저도 피할 수 없이 맞이했습니다

이제는 이직도 하고 전직도 하더라고요
△△ 일보로
× × ×
홍보팀으로
가지마
난 이 자리에 있는데 ...

여전히 같은 곳에 머물고 있으나
고기자 X
거기자 O
(개복)
일은 아직도 새로울 때가 더 많아요

그냥 저냥 살고 있어요
당직아니면
10시간 누워있음
거대한 악의 세력 '끼레기'도아니고
평범한 직장인의 모습으로요.

4.

앞으로 하고 싶은 일? 거듭해서 말했지만 계속 하루살이 같은 인생을 사느라고 장기적인 시점에서 무언가를 계획하는 것이 너무 힘이 듭니다. 새롭게 운전면허를 취득했으니 운전 연습 열심히 하기 정도일까요, 그리고 천천히라도 좋으니 꾸준히 만화 그리기 정도. 지각 안 하고 열심히 일하기, 정말 성실한 어른 직장인처럼 말해 버렸습니다. 하지만 '고기자'도 아직까지 회사를 다니는 이상, 그냥 똑같은 사람일 뿐인걸요.

土.

저는 그렇게 생각하면서, 내일의 발제를 고민할 뿐입니다.

회사에서는 비밀이지만
기자협회보
한달에 한번
매주 수요일
어렸을때 만화 좋아해서
약간 만화가
선망했었는데
꿈이 이뤄진 기분이들
이제는 저도 그림을 '연재'합니다
신기하게도 출근할때마다 소재가 생겨요
각종 귀에
피나는
소리들
뭐야 지금
어란소리
해도되나 ???
그래서 매일 즐겁게 (?) 출근합니다

한번도 정석으로 그림을 배운 적 없는
전설의 만화가
고기자. AKA 미야자키 미야오
제 첫 만화의 시작은
기자수첩이었습니다
그러다가 인생 2막이...

열리지는 않았습니다 !!!
다 그렸어? 그럼 이제 발제 & 출근하자...

2
새로운

시간

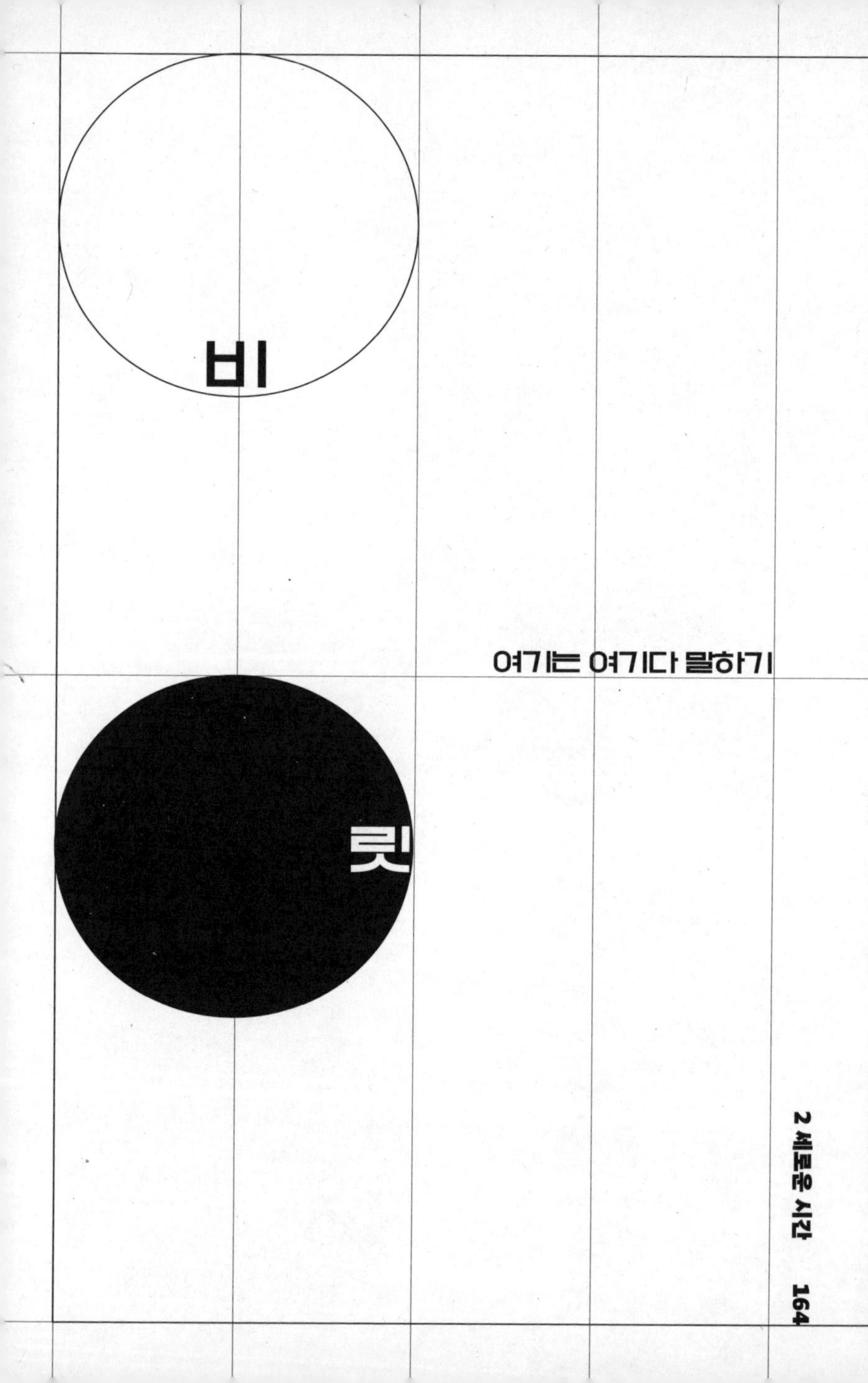
비
릿
여기는 여기다 말하기

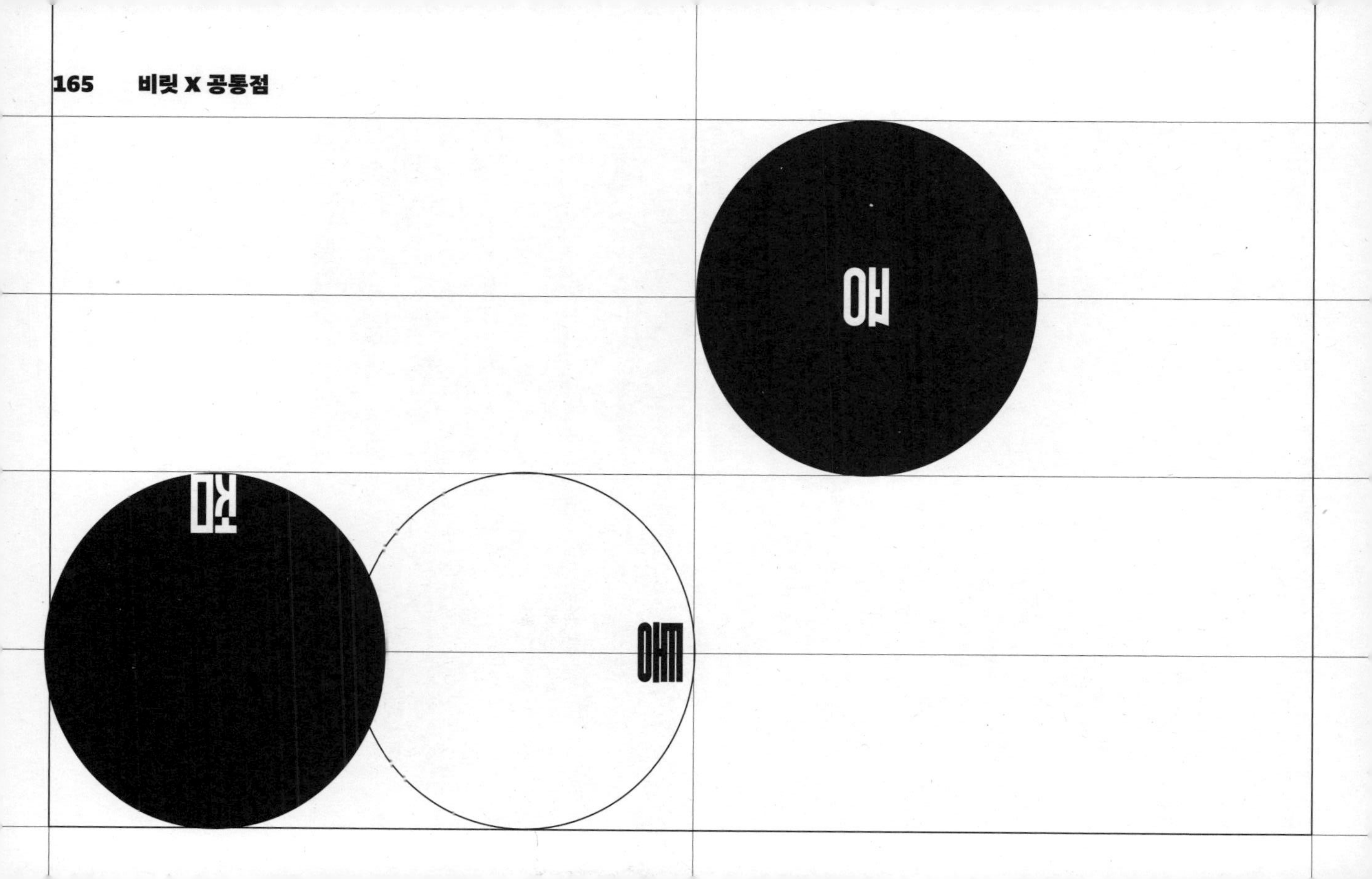

공
통
점

Be
lit
4
INDEPENDENT MAKERS

시 김이듬 김현진 나혜 박다혜 신혜아림 윤유나 임주아 조해주 홍지호 황유원
산문 김원경 나일선 박선아 신종원 이서영　기획 김병관 이기현 조온윤

들어가며

한의연(이하 한), 신아영(이하 신) 문학잡지 「비릿」을 만들고 있는 한의연, 신아영입니다.

신혜아림(이하 혜) 「공통점」을 만들고 있는 신혜아림입니다.

지다율(이하 지) 출판공동체 편앓의 지다율입니다. 비대면이라 조금 아쉽지만 언젠가는 뵙기를 바라면서, 편하게 이야기 나누는 자리가 되었으면 좋겠습니다.

김윤우(이하 김) 출판공동체 편앓의 김윤우입니다. 서기를 맡았습니다.

공통 질문

지역/지방/로컬에 대한 문제의식이 있다면 말씀 부탁드립니다.

두 팀은 각각 부산과 광주 지역에서 대학을 나오시고 문학 활동을 하시는 만큼, 해당 사안에 대한 감각과 문제의식이 있을 거라고 예상되는데요(한의연 선생님께서도 한 좌담회에서 '지역'이라는 장벽을 허물기 위해 중앙 문단 고료와 맞출 필요가 있다고 생각하셨다고 밝히기도 하셨고요). 처음 두 팀에 주목한 이유도 그래서였습니다. 두 팀을 모시고 좌담회를 해보면 좋겠다고 혼자 생각한 게 벌써 2년 전쯤이었던 거 같은데, 시간은 늘 쏜살같네요…. 관련하여 각각 말씀 부탁드립니다.

혜　　솔직하게 말하자면 「공통점」은 정말 단순한 계기로 만들어졌습니다. 합평 모임에서 시작해, 독립잡지를 만들어 보자는 누군가의 말 한마디에 지금까지 오게 된 것 같아요. 처음부터 어떤 목적의식을 가지고 만든 단체는 아니었습니다. 그렇기 때문에 지역이나 로컬에 대해 따로 의식하면서 활동하지는 않았던 것 같아요. 그러나 문학 인프라적인 측면에신 제감되는 것도 있습니다. 서울, 수도권에 비해 문학 관련 행사나 소비사층의 규모가 작은 편이고 독립문학 단체가 많지 않을뿐더러 교류할 수 있는 일이 적습니다. 지원할 수 있는 지원사업도 한정되어 있죠.

인프라나 물리적인 측면에선 제한되는 부분들이 있지만, 저는 그 속에서 자생할 수 있는 방법이 있다고 생각해요. 굳이 지역, 로컬이라는 색을 입거나 강조하지 않아도 여기서는 문학 활동을 하는 것 자체가 희소하거든요. 모든 게 처음이기 때문에 저희가 몸으로 직접 부딪치면서 배우고 있는 상황입니다. 이미 만들어진 지역의 틀을 따르기보다는 저희가 만든 투박한 모양이 나을 수 있다고 생각해요. 그러나 의도하지는 않았지만 아이러니하게도 "문학을 통해 같은 통점이 된다"라는 저희의 슬로건이 광주라는 도시의 아픔과 맞닿아 있는 걸 느끼기도 합니다. 한편으로 여기서 살아가는 이상, 지역이라는 영향을 무시할 수 없다는 생각이 들기도 하네요.

한 저는 전라남도 순천에서 고등학교까지 나오고, 대학을 부산으로 진학했는데요. 처음에 무척 큰 충격을 받았어요. 대학교가 속한 지역이 부산 안에서 그렇게 번화한 편이 아니었음에도 정말 거대하게 느껴졌거든요. 게다가 서면 같은 부산의 대표적인 번화가를 방문할 때면 단순히 자본주의적 규모에 압도되곤 했습니다.

대학 재학 중에는 서울에 방문할 기회 또한 몇 차례 있었는데, 서울은 또 다른 차원에 있는 도시로 느껴졌어요. 부산으로부터 받은 충격과는 또 달랐죠. 아예 다른 나라처럼 느껴질 지경이었으니까요. 서울은 전반적으로 깔끔하고, 크고, 높은 도시였습니다. 특히 문화생활의 측면에서 그 차이가 더 크게 느껴졌는데, 개인적으로 서울의 미성년층과 중·노년층은 (타 지역의 동일 연령층과는) 다른 세상을 살고 있는 것처럼 보였어요. 비교적 자유롭게 지역의 경계를 넘나드는 청년층에 비해서 말이지요. 다양한 문화·예술 장르의 전시·공연을 일상적으로 향유할 수 있는 환경이 조성되어 있는 것과 그렇지 않은 것은 제게 천지 차이로 느껴졌어요.

물론 서울에 직접 거주해 본 경험이 없는 제가 느낀 서울은 아마도 피상적인 서울에 훨씬 가까울 것이라고 생각합니다. 서울에는 서울의 현실이 있을 테고, 저는 그러한 현실을 아직 단 한 순간도 경험해 보지 못했을 수 있다고요. 그러나 여전히 수도권과 비수도권 지역 사이에

지나칠 정도로 경험의 차이가 있다고 생각합니다. 태어날 때 거주지를 직접 선택할 수 있는 것도 아니라는 점을 감안한다면 이 같은 차이로 인한 차별의 경험은 많은 사람에게 필연적이면서 불가피한데, 저는 아무래도 이런 부분에 대한 고민을 하지 않을 수 없는 듯합니다.

신　「비릿」 제작에 참여하는 사람들이 모두 부산을 기반으로 활동하고 있고, 그 이름에서부터 지역의 정체성을 담고 있어서인지 이와 유사한 질문을 그간 많이 받아 온 것 같아요. 이 질문을 받고 여러 생각이 들었습니다. 솔직히 말하면 이런 반복되는 질문들이 때론 지역에 관한 문제의식을 강요하는 건 아닌가, 하는 생각을 가끔 하게 돼요. 또 지역을 수도권의 대립항으로서만 바라보고 소환하는 건 아닌가 하는 점에서 좀 비판적으로 생각하게 되는데요. 저는 그런 시각으로부터 조금 거리를 두고 싶어요.

　　저는 제가 놓인 이 위치성이나 시좌를 좋은 공부의 자원이라고 여기는 편이에요. 제가 선택하진 않았지만 지역에서 나고 자라, 여전히 지역을 생활반경으로 살아오면서 자연스럽게 체득된 감각들이 있는데, 수도권/중심부의 자리에선 잘 보이지 않거나 당연시되어 온 것들을 당연하지 않게 바리볼 수 있는 시선 같은 거지요. 이런 걸 큰 노력 없이 습득하고 또 체화하게 된 건 분명 귀중한 자산이라고 생각해요. 이런 시야가 잡지를 기획하고 방향을 설정하는 데 중요한 잣대가 되어 주기도 했지만, 잡지를 만드는 어떤 명분을 마련해 준 측면도 있지 않았나, 하는 생각이 들어요. 주류와는 다른 가치에 주목한다, 그러니까 기성 문단 안에서 제대로 조명되지 않은 작가들을 발굴한다는 잡지의 기획이 지역을 거점으로 이루어진다는 데서 독자로부터 설득력이나 지지를 더 이끌어 낼 수 있었다고 할까요.

물론 다양한 문화적 자원과 인프라가 수도권에 집중되어 있다는 건 분명한 사실이고, 그건 잡지를 만들기 전보다 만드는 과정에서 더 구체적으로 느끼게 된 지점입니다. 인쇄소나 배본사를 구하는 일부터, 잡지를 홍보하고 판매하는 자리, 비슷한 문제의식을 공유하는 독립매체들이 연결되는 자리에 쉽게 참여하기 어렵다 보니 아쉬운 부분도 물론 있어요. 이러한 차이들이 수도권을 향한 비판 또는 선망으로 이어지는 모습들도 많이 보고요. 하지만 이런 차이들이 곧바로 지역의 취약성을 의미하는 건 아닌 것 같아요. 수도권과의 대립 속에 있는 서울-지역, 중심-주변, 이런 구도가 오히려 지역을 타자화하고 수동적으로 만들지 않나 하는 생각이에요.

저는 제 생활터전으로서 부산을 경험하는 것이지, 중심-주변이라는 구도로 부산을 경험하진 않으니까요. 주변이 꼭 중심에 대항하거나 중심을 비판해야 한다고도 생각하지 않고요. 이 자리에서 얻는 자원으로 모색할 수 있는 새로운 시도들이 있는 거지요. 수도권이 곧 표준·보편·기준이라는 환원 속에서 지방을 소환하는 것이 아니라, 각 지역 자체로서 얻을 수 있는 것들을 발판 삼을 수 있지 않을까요. 「비릿」 역시 지역 잡지로서 시작한 것이 아니라, 지역이라는 주변성, 위치성을 자원 삼아 이 세계의 마이너리티한 것들에 조금 더 주목하고 가치를 두는 잡지 같아요. 지역이라는 가치가 비릿을 대표하는 유일한 정체성은 아닌 거죠.

지　질문드리기 전에도 서울 사람의 무례한 질문일 수 있겠다, 편협한 시각이 담긴 질문일지도 모르겠다는 우려가 있기는 했습니다. 이런 질문들이 '지역 기반의 문학지라면 당연히 이런 문제의식이 있겠죠?'라는 강요처럼 느껴지기도 할 것 같습니다.

문학/문단이라는 '–판/계'에 대한 고민 또는 계획이 있다면 말씀 부탁드립니다.

첫 번째 질문과 그에 대한 답이 어쩌면 이 질문에 대한 답과 밀접할 수도 있겠어요. 문제의식이 행동의 실천으로 이어지고, 향후 계획이란 그것의 지속일 테니까요(출판공동체 편앉 역시 마찬가지이고요). 다만 그 '지속'이 어떤 방식으로 이뤄져야 할 것이냐, 왜, 언제까지 이뤄져야 할 것이냐에 대한 생각은 각각 다를 것 같습니다. 수년간 활동하시면서 느끼고 생각하는 부분들도 많을 것이고요(「비릿」은 최근 4호에 '휴간 알림말'을 싣기도 하셨지요). 이에 대해 각각 말씀 부탁드립니다.

한　　저에게 문단은 서울 같은 면이 있습니다. 직접 경험해 보지 못했기 때문에 해석과 판단에 한계가 있고요. 그럼에도 제가 느낀 선에서 말씀을 드리자면, 저는 문단이 조금 커다란 규모의 계모임 같다고 생각합니다. 좋은 의미에서든 좋지 않은 의미에서든 작가들 사이의 유대와 친목이 매우 중요한 요소로 여겨진다는 점에서 그렇고, 새로운 작품이나 책이 나오면 서로 돌아가면서 홍보해 주고 축하해 주며 구매해 주고 읽어 주고 피드백까지 해준다는 점에서 그렇습니다. 왜인지 저는 문학판의 크기가 점점 줄어드는 듯한 인상을 받는데, 그 때문인지 쓰는 사람과 읽는 사람 사이의 양적 차이 또한 점점 줄어드는 것 같고…… 결과적으로 '계모임' 같은 구석을 더욱 크게 느끼게 되는지도 모르겠습니다.

　　다만 문단을 하나의 거대한 자아 혹은 정체성을 가진 조직으로 이해하면 위험한 것 같습니다. 간혹 문단이 거대한 악의 무리 같은 것으로 형상화되는 경우도 있습니다만, 사실 문단은 정부처럼 선거를 바탕으로 구성되어, 그 역할과 책임이 분명한 조직이 아니니까요. 그보다는 다양한 위치성을 가진 출판인, 작가, 시인 등이 모여 있는 생태계에 가깝지요. 상황이 이러한데 문단이라는 자아를 반복적으로 호출하고, 그 자아를 향한 비판을 반복하는 것은 그리 효과적이지도 않고 공허할 뿐이라는 한계가 뚜렷해지는 듯합니다. 그럴 시기는 이미 지난 것 같고요.

하지만 문단의 실체가 없다고 생각하지는 않습니다. ‘문단’이라는 기표에서는 가려져 있지만 ‘한국문학 출판계’에서 적잖은 영향력을 행사할 수 있는 조직과 개인이 없지 않기 때문이지요. 선출된 권력이 아니라는 점에서 그들에게 공적 책임감 따위를 기대하는 것은 역시 당연한 일이 아니겠지만, 그럼에도 한국문학이라는 생태계에 일정한 영향력을 가진 이들이라면 어느 정도 마땅한 책임감을 가져 주기를 기대하고 싶습니다.

현재로선 말씀해 주신 문단에 대한 계획은 별도로 가지고 있지 않습니다. 지금까지 네 차례의 잡지 발행을 이어 오면서 비릿은 나름대로 문단에 대한 고민들을 잡지의 형태로든 여타 활동의 형태로든 형상화해 왔다고 생각합니다. 그러한 과정에서 시간은 흐르고 우리의 담론에 대한 작가와 독자들의 생각은 조금씩 바뀌고 문단이라는 환경 또한 조금씩 변모해 가면서 우리의 고민 역시 그때그때 시의성을 반영해 가며 발전해 왔다고도 생각하고요. 초심을 이야기하자면 「비릿」은 1호 인트로에서 이야기했듯 작가의 출신지나 등단 여부를 고민하지 않았고, 작품의 장르를 구별하지 않았습니다. 작가가 갖는 그 어떤 개별성에 대해서도 차별적인 시선을 토대로 해석하지 않으려고 노력했지요. 우리는 그저 날것 그대로의 고유한 음성에 귀 기울이려 했습니다. 그것이 작가의 것이든 독자의 것이든, 중앙의 것이든 변두리의 것이든, 그 어떤 성별 정체성을 가진 사람의 것이든지요. 특히 문단에 대한 고민은 비릿의 고민 중에서도 가장 많은 소비를 이끌어 낸 고민이었던 것 같은데요. 거꾸로 생각하자면 그건 「비릿」이 발행되어 온 지난 2년간 한국 문단과 그 안팎을 구성하는 독자와 작가 들로 하여금 가장 요구되는 고민이 아니었을까 생각합니다. 실제로 2019년에서 2020년 사이에 문단을 관통했던 사건들(이상 문학상 파동, 작품 속 사적 대화 무단인용 논란 등)은 오랫동안 문단 내에 관례 혹은 관행이라는 이름으로 고착화되어 있던 부패한 단면들을 드러냈고, 그나마 한국문학에 아직까지 애정을 가진 이들에게 문제를 해결할 방안을 모색하게끔 하는 요인으로 작용했던 것 같고요.

　　　그래도 현시점의 문단으로부터는 어느 정도 이러한 고민들이 반영되어 가는 모습을 엿볼 수 있습니다. 원고 청탁서와 계약서 작성을 의무화함으로써 출판 권력으로부터 작가 개개인을 보호하게 됐고, 국가로부터 예술인임을 인정받는 과정에서든, 문학 창작촌에 입주하기 위한 조건에서든, 기성 문학상의 수상 조건에서든 '등단'이라는 조건은 필수적이지 않은 스펙 중 하나로 바뀌어 가고 있지요. 그럼 이제 한국 문단은 흠결 없는 '완성'된 생태계라고 할 수 있는가…… 그렇지 않겠지요. 다만 비릿이, 비릿이라는 이름으로 '문단'에 관한 과제로 여겨 왔던 문제는 (어느 정도) 문제가 아니게 되었거나 고민의 시효를 다 했다는 생각이 들기도 합니다. 다소 막연히, 이제부터는 그 이상의 문제를 이야기해야 할 것 같은데 아직 비릿 내부적으로 그러한 고민을 구체적으로 나눔으로써 합의된 지점이 없다는 점…… 이 정도가 솔직하게 드릴 수 있는 답변인 듯합니다.

신　　　저는 이 질문을 이제 개개인의 자리로 돌아간 「비릿」 편집진의 향후 활동에 관한 질문으로 받아들이고 생각해 보았는데요. 「비릿」은 4호를 기점으로 휴간을 결정해서 편집진이 함께 무언가를 도모하고 그걸 실현해 볼 수 있는 매체가 사라진 셈입니다. 지금부터는 잡지로 실현할 수 없는 것들을 개인적으로 시도해 보는 시기가 되지 않을까 생각해요. 이전엔 잡지라는 플랫폼 혹은 잡지의 콘텐츠를 항상 염두에 두면서 생활했다면, 지금은 그 고민을 개인의 작업으로 전환하는 과정인 것 같기도……

혜 제 개인적으로는 문단이라는 영역에 속해 보지 않아서 잘 모르겠습니다. 저는 그냥 문학을 다른 사람들보다 조금 더 좋아하고 생업을 이어 가면서 글을 쓰고 싶은 사람들 중 하나인데요. 사실 지금까지 글을 쓰고 독립출판 활동을 하면서도 문단이 도대체 뭔지 구체적으로 떠오르지 않아요.

제 위치를 찾아보자면 멀리서 문단 주변을 서성거리는 사람에 더 가까운 것 같습니다. 이 거리에서 보았을 때 문단은 거의 보이지 않습니다. 보여도 접근하기 굉장히 어려운 영역으로 느껴져요. 그러나 문단에 대해 정말로, 조금이라도, 아는 사람이라면 그곳이 무수히 많은 관계와 사람과 사건으로 이루어진 곳이라고 말합니다. 그 말은 제게 굉장히 흥미로웠는데요. 외부에서 보았을 때는 존재하지 않는 것처럼 보였던 문단이라는 형체가, 사실 아주 작은 점으로 뜨겁게 들끓고 있다는 것처럼 들렸기 때문입니다. 크기는 작지만, 살아 있는 논의와 에너지가 계속해서 쌓이고 쌓여 결국에는 좋은 방향으로 터지지 않을까요?

그러나 그 논의가 스스로 그 안에서 터져야 의미가 있을 것입니다. 그것이 새로운 확장이 될 것입니다. 그렇게 된다면 문단이라는 영역을 넘어, 문학 활동 하나만으로도 다른 사람들과 접할 수 있지 않을까요. 문단을 하나의 세력이라고 느끼지는 않아요. 좋은 쪽으로 문단이 확장된다면 크고 작은 힘들이 다양하게 작용하지 않을까요. 자신만의 판을 만드는 것도 가능해질 거고요. 문학은 더 다양해져야 하고, 다양한 의견을 수용해야 하고, 그 속에서 스스로의 자정 작용을 통해 터져야 한다고 생각합니다.

서로가 서로에게

비릿에게 보내는 공통점의 질문 1

「비릿」 4호의 주제작가는 'independent makers'인데요. 제도권 밖에서 꿋꿋하게 작품 활동을 하고 있는 독립제작자, 또는 작가를 조명하였습니다. 그중에서 던전, 모티프, 베개, SRS, 토이박스 등 다양하고 개성 있는 그룹의 글과 이야기를 들을 수 있어서 흥미로웠습니다. 이렇게 성격도 다르고 성향도 다른 그룹들의 목소리를 모으고 책으로 엮는 작업을 하면서 새롭게 느낀 것이 있다면 어떤 게 있을까요?

신 다양한 매체 그룹들을 만나고 책으로 엮으면서 저마다의 다름을 느껴 즐거웠어요. 매체의 지향점, 성격, 운영 방식과 같이 크고 작은 결들이 다 다르더라고요. 이 다름은 당연한 것일 텐데 자세히 들여다보고 나서야 제대로 알게 된 것 같아요. 독립매체 제작자들을 주제작가로 선정하기 전에는 그 존재는 알아도 깊이 탐구해 볼 생각은 하지 못했거든요. 4호를 만드는 과정은 우리가 가진 비슷한 고민들을 확인하거나 저마다의 대안들을 나눌 수 있는 시간이라 힘이 많이 되었어요. 저마다 다르지만 동시에 '다르지 않구나'를 확인하는 순간 위로를 받고 안도하게 되었다고 할까요. '우리만 이런 생각을 했던 게 아니고, 우리만 그런 목표를 가지고 움직였던 것도 아니구나'라는 걸 확인하게 되는 순간이었어요.

그래서인지 우리가 각자 자리에서 하는 일들에 부족함을 느끼거나 아쉬워할 필요가 없겠다고 느꼈습니다. 예전에 읽은 우치다 타츠루 책에서 '교사단'에 관해 이야기하는 부분이 있었는데요, 교육이 교사 개인의 면대면 행위가 아니고 집단의 행위라는 것, 그러니까 교사 개인이 다 가르치지 못하는 것은 과거-미래-동시대의 선생님에게 맡기면 된다는 말이었는데 이걸 독립매체에 적용해서 이해해도 어색함이 없는 것 같아요. 우리가 이런 시도를 맨 처음 한 것도 아니고, 과거의 어떤 시도에 영감을 받아서 할 수 있었던 게 아닌가 싶고요. 지금 다 하지 못한 것들은 미래에 맡기면 되지 않나……. 비릿이 할 수 있는 건 여기까지지만 다른 독립매체들이 또 생겨나서 새로운 역할들을 이어갈 수 있으니까요. 각자의 역할에 크게 부담을 느끼거나 초조해할 필요도, 조급해할 필요도 없지 않나 싶어요. 그러니까 독립매체 제작자들을 목표를 함께 하는 팀원이라고 생각합니다. 「비릿」은 4호로 휴간되지만 이를 좌절로만 생각하지 않았던 것도 4호 과정에서 다른 매체들과 나눈 충분한 대화 덕분이었던 것 같아요.

혜　　　다른 단체들과 함께 작업한다는 것이 쉽지 않았을 텐데, 여러 그룹을 한데 모을 수 있는 힘이 대단하다고 느꼈습니다.

한　　　감사합니다.

혜　　　그런 계기, 그런 장을 만들어서 좋았습니다.

한　　　트위터에서 이런 말을 본 적 있거든요. "인디 문학은 가능한가." 대중음악이나 영화계처럼 인디(혹은 독립) 신(scene)이 구체적으로 형성되려면 일단 기존의 판이 커야 하고, 대중과의 호흡 역시 자연스럽게 이루어지는 상태여야 한다고 생각해요. 그런데 현재의 문학판은 수요 자체가 제한적이고, 그러다 보니 나누어 먹을 파이의 전체적인 크기 또한 너무 작고요. 마케팅의 흐름이나 지원사업의 형태는 마치 인공호흡 장치를 달고 있는 것처럼 보이기도 해서, 애초에 인디 문학 신이 성립되기 어려운 환경 같습니다.

하지만 인디 문학 신이 성립되기 어렵다고 해서 필요하지 않은 것은 아니라고 생각해요. 필요로 하는 사람들이 있기 때문에 태동했을 것이고, 지금까지 이어져 올 수 있었을 것이라고 생각하고요. 그러한 의미에서 다소 무리를 해서라도 한 번쯤 여기저기 흩어져서 활동 중인 독립매체와 작가 들을 한자리에 모아 보면 어떨까 싶었습니다. 여기서 한 걸음 더 나아가 일종의 공동체로, 독립 생태계로 나아갈 수 있다면 좋을 텐데 어려운 일이겠지요. 이를 기점으로 「비릿」은 휴간했고, 이 소식에 어떤 분들께선 섭섭함을 느끼실 법도 합니다. 그렇지만 좌절의 제스처로 해석되지 않았으면 하는 바람이 있고요. 인디 문학 신의 가능성을 새로운 지평으로 넓혀 가고자 했던 시도로 이해해 주셨으면 좋겠습니다.

독립출판의 특성상 원고부터 디자인, 홍보와 유통까지 하나의 책을 만드는 데 드는 모든 과정을 직접 도맡아서 진행해야 하는데요. 특히 잡지 형태의 독립출판은 들이는 품에 비해 그에 맞는 수익을 기대하기 어려운 것 같습니다. 그렇기 때문에 대부분 다른 일을 하면서 출판 작업을 병행하는데요. 개인적으로는 잡지나 정기간행물 같은 유형의 책은 현재 독립출판 시장에서 자생하기란 쉽지 않다고 느껴지기도 합니다. 비릿은 생업과 출판 사이에서 어떤 기로에 서 있는지, 또 어떤 고민을 하고 있는지 알고 싶습니다.

한 수익이 발생했다면 더 좋았겠지요. 비릿 자체의 규모도 점점 커지고, 그에 따라 빚의 규모도 불어나면서 휴간에 영향을 미친 게 사실이고요. 하지만 후회하지는 않습니다. 「비릿」을 만들어 오면서 예상하지 못했던, 소중한 경험을 할 수 있었기 때문이지요. 한편으로 저를 비롯한 비릿의 멤버들은 그 경험들을 구매한 것이라고 생각할 수도 있을 것 같습니다. 지금은 그저 살면서 겪기 어려운 경험을 함께 나눌 수 있었다는 것에 감사할 따름입니다.

따지고 보면 돈은 하나의 잣대일 뿐인데 너무 결정적이어서 획일적인 평가로 이어지는 면이 있는 것 같아요. 이를테면 '실패'했다고요. 하지만 저는 비릿의 가치 혹은 목적이 그 자체로 실패했다고 생각하지 않고, 그저 한계를 만났다고 봅니다. 정기간행물 이외에 단행본 기획을 이야기하지 않았던 것은 아닌데, 저희는 어디까지나 잡지가 중심축이다 보니 다들 주저하고 있는 것도 사실입니다. 지금은 저마다 각자 다른 방향의 삶을 살면서 생업에 집중하고 있습니다. 지난 2~3년 동안 모두 쉬지 못했으니 그동안 하지 못했던 것들, 혹은 희생해 온 것들…… 그로부터 누적되어 온 피로감을 극복하는 것이 현재 저희 모두의 우선 과제인 듯해요.

신 언제 다시 복간하게 될지 이후의 행보는 또렷하게 답변할 수 없는 상태입니다. 종이잡지를 고수하면서 어쩔 수 없이 큰 비용이 들 수밖에 없는 구조였는데요. 단순히 비용 문제가 아니라, 자원 낭비도 생각해 보게 되고요. 기존의 잡지가 다 소진되고 나면 좀 더 접근하기 쉬운 방식으로 전환하는 방법을 고민하고 싶습니다. 온라인상의 아카이브 같은. 지금 「비릿」이 당면한, 종이잡지의 한계일 수도 있는 문제들을 타계하는 방법이자 또 새로운 시도일 수도 있을 것 같습니다.

공통점에게 보내는 비릿의 질문 1

공통점은 여전히 시 창작 합평 모임으로서의 출발점을 지키고 계시는 모습이 인상적입니다. 매주 일요일 밤마다 모임을 진행하시는 것으로 알고 있는데, 이렇게 수식하더라도 괜찮을지 모르겠지만 '사적이면서도 순수한 문학에의 의지'라고 할까요. 공통점으로부터는 언제나 이 같은 열점을 느끼고, 저 또한 글을 쓰는 개인으로서 자극과 영감을 받습니다. 한 살 한 살 나이를 먹어 갈수록 이 같은 동력을 유지하는 것이 쉬운 일은 아니라고 생각하는데요. 공통점 구성원들로 하여금 이러한 에너지를 오래도록 유지하고, 규칙적으로 발현해 낼 수 있게 하는 것은 무엇이라고 생각하시는지요.

혜　　사실 처음 책을 출판하기로 마음먹었을 때는 합평을 하면서도 충분히 만들 수 있을 거라 생각했습니다. 그런데 시간이 지날수록 합평과 책 제작을 병행하는 것이 생각보다 어려웠습니다. 3호부터는 합평을 완전히 못하게 되었고, 작년에는 한 해에 4호와 5호, 2권의 책을 냈는데, 언제부턴가 기계적으로 출판이나 사업에 관한 이야기를 하게 되더라고요. 체력적으로 지치기도 했습니다. 그래서 요즘은 책 만드는 일은 잠시 섭어 누고 초심으로 되돌아가 합평을 다시 시작했습니다. 다들 '공통점'이라는 단체보다는 자신을 위한 글쓰기가 필요했던 것 같아요.

　　합평을 하게 하는 힘……. 모였던 근본적인 이유가 단순한 합평모임에서 시작되었기 때문이라고 봅니다. 무근본의 근본이 이 모임을 끌어가는 에너지 같습니다. '공통점'이라는 타이틀이 없어지고 옛날처럼 '합평 스티디 1'로 돌아가더라도, 저희는 똑같이 글을 쓰고 시답잖은 이야기를 나누면서 합평을 할 것 같아요.

공통점에게 보내는 비릿의 질문 2

「공통점」은 「비릿」 4호 발행 시기와 비슷한 시점에 5호를 발행하셨지요. 5호는 '회상 reminiscence'을 주제로, '우리 시절 아카이브'를 부제로 선정했는데요. 공통점 5호는 별도의 펀딩 이벤트 없이 발행된 것 같았습니다. 물론 공통점이 지금껏 매번 텀블벅 펀딩을 거쳐 오지는 않았음을 알고 있지만 책 한 권을 만드는 데 드는 적잖은 비용을 생각한다면 쉬운 결정은 아니었을 듯해요. 이러한 결정에 이르기까지 공통점 구성원 사이에 오고 갔을 이야기들이 궁금합니다. 나아가, 앞으로의 공통점은 어떻게 지속 가능할 수 있을지에 대해서도 듣고 싶고요.

혜 연간으로 1호씩 발행했고, 작년에는 4~5호를 연속으로 발행했습니다. 지원사업에 선정되어서 자금 여유가 생기기도 했고요. 그만큼 고삐를 당겨서 더 활발하게 활동하기도 했습니다. (한 해에 2호를 발행하자는) 이 결정도 '패기로운' 결정이었습니다. 막상 시작해 보니 매우 힘들었습니다. 마감일에 맞춰서 진행하는 게 쉽지 않았습니다. 시간적 압박도 상당했고요. 5호도 텀블벅을 통해서 홍보하려고 했는데, 지원사업 마감일을 지킬 수가 없어서 포기할 수밖에 없었습니다.

지금은 「비릿」과 비슷한 고민을 하고 있습니다. 지속 가능성에 대한 고민들, 미래에 대한 고민들. 현재로서 답변하자면 모임으로서 관계는 이어 나갈 것입니다. 합평을 하면서요. 독립문예지 「공통점」은 할 수 있을지 모르겠습니다. 최대한 품을 들이지 않는 쪽으로, 혹은 온라인을 중심으로 활동해 보자는 이야기를 나눴습니다. 지극히 현실적인 이야기인데요. 각자 하는 일이 있기도 하고, 취업을 준비해야 하기 때문에 일단 그쪽으로 힘을 싣자는 결정이었습니다. 친구의 이야기로 말해 보자면, 친구는 삶과 사랑 중 무엇이 앞서느냐는 문제에 삶에 앞서는 목적이 없다면, 그 삶은 삶-기계와 다름이 없다는 생각을 하면서도, 결국 삶이라는 백지가 먼저 있어야 사랑이라는 대상이 그려질 수도 있는 현실을 이야기했습니다. 문학을 경유해도 비슷한 맥락일 것입니다. 문학을 위해서 온전히 삶을 바치지는 않으나, 때로는 문학이 삶에 있어서 의미를 찾아 주는 역할을 하는 것 같기도 하다고요.

　　　시를 쓰고 글을 쓰는 활동들을 정말 좋아하고 그래서 고민은 계속됩니다. 모두 지속 가능한 공동체였으면 합니다. 그런 생태계가 만들어졌으면 하고요, 이곳에서 계속 논의를 만들고 여러 돌파구를 만들어 나간다면 더 좋은 방향으로 나아갈 수 있지 않을까 생각합니다.

지　혹시 추가 질문이나, 끝으로 하실 말씀이 있는지요.

한　「공통점」 최근 5호 무크지 잘 봤고 전시도 잘 봤습니다. 응원하겠습니다.

혜　저희도 응원하겠습니다.

김　‘격자로운 시공간’의 공식 공통 질문입니다. 최근 재미있게 본 책이 있다면 소개해 주세요. 답변은 가나다순으로 부탁드립니다.

혜　한국사 기출문제집입니다. 자격증을 따려고 노력하는 게 처음인데요. 고등학교 이후 처음으로 읽어 봤는데, 인터넷 강의도 듣고 책을 통해 역사를 알아 가니까 재미있습니다.

지　구석기가 어렵지요….

신　지금 딱 손에 들고 있는 책은 『어린이 책의 다리』(옐라 레프만 지음, 강선아 옮김, 나미북스, 2015)입니다. 많이 읽지는 못했는데 흥미롭게 읽고 있습니다. 전후 독일 아이들이 책을 통해 어떤 경험을 했는지를 옐라 레프만의 삶과 함께 이야기하는 책입니다. 작가는 세계 대전 때 망명했다가 독일로부터 어린이에게 문학을 지도해 달라는 요청을 받는데요. 어린이책, 문학, 교육에 관한 이야기를 주로 하고 있어요. 절판된 책인데 다행히 도서관에서 빌려 읽고 있습니다.

한　　　로베르토 볼라뇨의 『야만스러운 탐정들』(우석균 옮김, 열린책들, 2016)입니다. 2018년에 볼라뇨의 『부적』(김현균 옮김, 열린책들, 2018)을 읽고 언젠가는 이 사람의 모든 작품을 읽어 보고 싶다는 막연한 꿈을 갖게 됐는데요. '「비릿」 휴간'이 제게는 그 계기로 적절한 타이밍인 것 같아서 현재 전집 완독을 목표로 읽고 있습니다.

지　　　짧지 않은 시간 동안 고생 많으셨습니다. 모두 건강하시길 바랍니다.

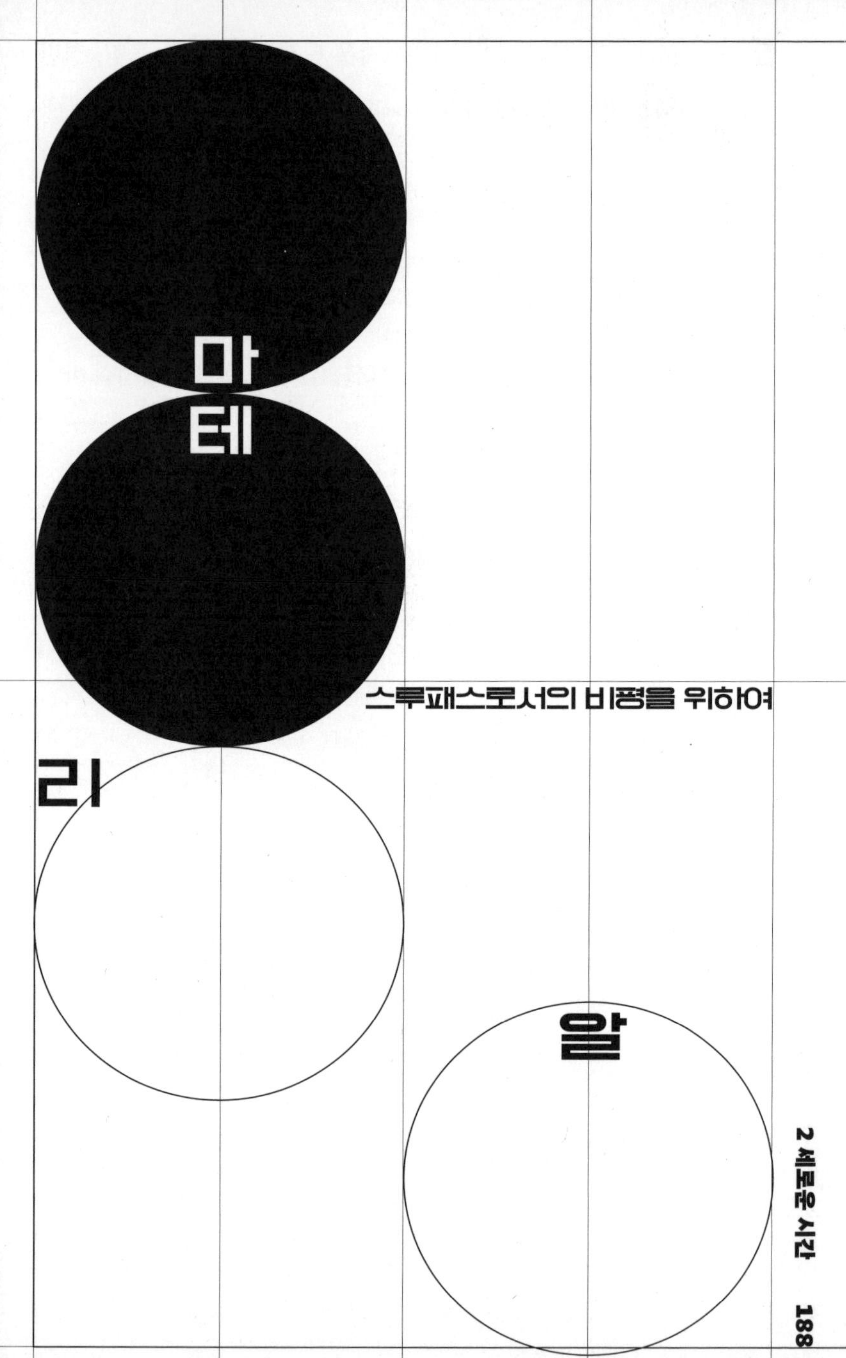

마
테
리
알
스루패스로서의 비평을 위하여

가격 9,000원

ISSN 2734-1658

마테리알
ma-te-ri-al

노매드랜드에서 노-매드-랜드로

<노매드랜드>가 사회의 현실(특히나 저적받는 것은 아마존 캠퍼포스(CamperForce)의 현실)을 적시하지 않거나 고발하지 않는 동시에 노매드의 고통을 은폐하고 그들의 삶을 단순히 낭만화하기 때문에 나쁘다는 비판은 온당치 않다. 나는 오히려 노매드의 삶을 섣불리 '고통'으로 범주화하여 보여주지 않고 끝까지 그것의 명랑을 절망하지 못한 데에서 이 영화의 미덕을 찾는다. 비판자들이 말하듯, 정말 이 영화가 캠퍼포스를 (가짜) 공동체성으로 사포질하는가? 비트 농장에서 수십 개의 비트가 담긴 포대를 올리는 편(Fern)의 육체에서 단순히 노동의 자발성만이 강조되는가? 노매드의 삶이 단순하게 낭만화되는가?

오히려 이 영화에서 노매드의 삶은 복잡하게 낭만화되며, 나는 이 낭만화에 대해 굳이 비판할 필요성을 느끼지 못한다.

고발과 비판의 형식에 대해 생각해보아야 할지도 모른다. 클로이 자오(Chloé Zhao)가 섣불리 비전문 배우들로부터 고통을 착취하고자 했다면 자본주의와 2008년 모기지사태 이후의 미국사회에 대한 고발은 더욱 명확하고 용이해졌을 것이다. 하지만 우리는 여타 많은 활동가 영화로부터 그러한 고발과 비판이 얼마만큼 그 영화를 찍는 감독 자신을 위한 것이 되어버리는지 감지할 수 있지 않은가. 자오가 자기 자신을 연기하는 비전문 배우들을 통해, 그리고 특별히 편과 데이브를 통해 픽션의 자리를 이 영화 속에 마련해놓은 것은 적절한 선택이었다. 그것은 비록 편이 엠파이어로 돌아가서 군율을 올리는 영화 후반부 무렵 다소간 헐거워지지만, 영화가 끝날 때까지 고통의 착취를 방지하기 위한 감금장치로서 기능해낸다.

끊임없이 서부의 랜드스케이프를 떠도는 듯한 <노매드랜드>가 정주하지 못하는 영화의 상태에 대해(서도) 다루고 있다는 생각은, 이 영화를 <노 홈 무비>(샹탈 아커만, 2015)와 <노 데이터 플랜>(미코 레베레자, 2019)과 나란히 놓았을 때 확신이 된다. 이들은 끝없이 떠도는/움직이는 영화들이다. <노 홈 무비>는 거의 대부분의 장면이 집(house) 안에서 촬영되었음에도 결국에는 집(home)-없는 영화에 대해 얘기하고 있고, <노 데이터 플랜>은 "서류상 미등록된 따라서 국적 없는" 1인칭 화자가 불가피한 이유로 기차를 타고 미대륙을 서에서 동으로 횡단하며 바라보는 풍경과 사물들을 담았다. 이들 세 영화는 (대문자 시네마의) 방랑을 다루되 그것이 여행이 아니라 방랑에 가까운 것은 이들 영화의 목적지가 길 위에 있는 것도,

길 끝에 있는 것도 아니기 때문이다. 목적지는 온데간데없고 심지어 아득한 출발 지점마저도 관객은 가늠할 수 없다. 중간에, 어쩌면 아주 오래 지속될 중간에서 우리는 만난 것이다.

세 편의 '노-' 영화(나는 지금 <노매드랜드>를 '노-매드-랜드'로 읽고 싶은 유혹을 참는 중이다)가 끊임없이 떠돌거나 움직임에도 불구하고 이들 영화 모두에서 카메라는 스스로 움직이기를 거려한다. 그것은 집안의 의자나 탁자 위에 놓여 어머니와 딸의 (비)일상적인 대화를 기록한다. 혹은 기차 좌석 한편에 숨겨져 있다가 차창과 차창 너머의 풍경을, 그리고 기차 안에서 고결하게 흔들리는 사물들을 물끄러미 바라본다. 또는 다소 보잘것없는 RV(recreational vehicle)에 덜컥 탑승하여 무한히 펼쳐진 것처럼 보이는 황야(desert)를 마주한다. 일종의 탈것이 카메라의 움직임을 관장한다. 카메라는 단지 어딘가에 탑승할 뿐이다.

재있는 것은 이들 세 영화의 카메라들이 취하는 태도다. <노 홈 무비>의 카메라는 대상을 화면 가운데 적절하게 위치시키지 못하는 어떤 불능상태에 시달린다. 대신에 그것은 화면 뒤로 숨지 않고 스스로를 드러낸다. 사막(desert)에서는 시청각적 노이즈를 그대로 받아내는 방식으로써, 집(house) 안에서는 (절대 삼각대 위라고는 할 수 없을) 이상한 곳에 위치함으로써 말이다. <노 데이터 플랜>의 카메라는 "국적 없는" 1인칭 화자와 동기화되어 (육중하고 오래된) 기차가 전진하는 방향과 수직을 이루는 곳으로 시선을 향한다. 옆으로 빠르게 슬라이드되는 창/프레임 속 풍경은 정확히 대문자 시네마를 지시한다. 터널을 지날 때 찾아오는 객실의 어둠과 터널 중간 중간 설치된 조명등을 지나치면서 밝아졌다가 어두워지기를 반복하는 빛의 조합 역시 그러한 가리킴을 더욱 강력하게 만든다. 그러다가도 미코 레베레자(Miko Revereza)의 카메라는 종종 지나온 철로와 터널을 오래도록 돌아본다. 그곳에 두고 온 기억이라도 있는 듯 말이다. 반면, <노매드랜드>의 카메라는 뒤를 돌아보는 일이 없다. 여기선 탈것의 이동 방향과 카메라 시선의 방향이 대부분 일치한다. 선봉대(Vanguard)라 이름붙은 편의 RV는 그 이름처럼 카메라의 움직이는 전초기지적 역할을 하고, 카메라는 자연스레 전방을 주시한다. (간혹 편의 시점 숏을 위해 정면과 우측면을 버스듬히 향하기도 한다.)

말하자면 이들 영화는 정지해봄으로써 정주할 수 없음을 오히려 폐가치고 정주의 실패를 보여주든가(그래서 그런 방식으로 떠돌든가), 도망이 여행이 되고 여행이 도망이 되는 시간 속에서 지나치게 되는 풍경들을 바라보든가, 선봉대의 자세로 거대한 순환(처음과 끝이 이어지는 '원형'은 <노매드랜드>에서 중요한 모티프이다)의 트랙에 탑승하여 전진한다. 탈것으로서의 대문자 시네마에 탑승한 소문자 시네마로서의 이들 세 작업은, 정주하지 못하는 영화의 상태를 각기 다른 방식으로 분해하고 흡수한다. <노 홈 무비>가 정주할 수 없다는 사실에 방점을 둔다면, <노 데이터 플랜>은 육중하고 거대하고 오래된 대문자 시네마의 자취를 기록하고 그 안에서 바깥으로 향할 수 있는 틈을 모색한다. 이 영화에서 카메라가 풍경을 비추다가도 문득 그 풍경을 매개하고 있는 차창—창/틀의 유비로서 파악될 수 있는 영화의 육체—의 얼룩물로 초점을 바꾸는 것은 바로 그러한 맥락에서 이루어진다. 한편, 탈것과 탑승한 것이 같은 방향을 향하는 <노매드랜드>에선 소문자 시네마와 대문자 시네마가 합일한다. 추레한—극중 스웽키는 편의 RV/Vangurd를 보고 추레하다(ratty)고 말한다—탈것에는 손수 설치한 가구와 장식물이 있다. 누군가는 그것을 팔아버리고 새로운 것을 사라고 한다. 그러나 그것은 이러나 저러나 집(home)이고, <노매드랜드>는 그 집을 떠날 수 없다.

황량한 엠파이어의 거리를 몰아다니던 편이 남편과 함께 살았던 집(house) 뒷문의 광야로 나가는, 그리곤 끝내 화면 밖으로 나가버리는 편에서 <수색자>의 마지막 장면을 떠올릴 수밖에 없듯이, <노매드랜드>의 곳곳에서 우리는 오랜 시네마의 장면들을 떠올릴 수 있다. 그리고 이 영화의 마지막은 <모던 타임즈>(1936)의 마지막과 겹쳐질 수 있다.

새벽 시간, 아무도 다니지 않고 주변이 황량한 파도를 익스트림 롱 숏으로 비추며 마지막 씬이 시작된다. 화면은 컷되지 않고 그대로 패닝하여 길가에 앉아 쉬는 두 사람을 비춘다. 소녀는 엎드려 울며 "살려고 노력한들 무슨 소용이 있죠?"라고 묻는다. 남자는 "포기하지 말아요. 우린 잘 해낼 수 있어!"라며 기운을 북돋운다. 자리에서 일어나서 차도를 걷는 두 사람을 정면으로 촬영한 숏이 이어진다. 그들 뒤로는 (아마도 그들이 지나왔을) 언덕 길이 쭉 뻗쳐져 있고, 남자는 소녀에게 'smile'하라고 한다. 두 사람은 웃으며 손을 꼭 잡고 걷는다. 마지막 숏에서 카메라는 두 사람의 뒷모습을 익스트림 롱 숏으로 잡는다. 그들 앞에는 첩첩이 둥근 산들이 놓여있지만, 두 사람은 손을 잡은 채 계속 걸어가면서 카메라로부터 멀어진다.

주레한 (탈)것은 멀리 보이는 산을 향해 나아간다.

마테리알 5호

발행일: 2021년 5월 31일
발행인: 다함께 박차차, 정경담, 함연선
편집인: 다함께 박차차, 정경담, 함연선
그림: 류한솔, 허현정
디자인: 이나하
교열·교정: 박채연
인쇄: (주) 애드피앤씨(서울특별시 성동구 성수이로 144-29, 지하2층)

웹: ma-te-ri-al.online
이메일: carolblueagassi@gmail.com
트위터: @ma_te_ri_al
인스타그램: @ma.te.ri.al
등록번호: 기타간행물 서대문, 바00062

마테리알에 대하여

안녕하세요, 영상비평플랫폼 마테리알입니다. 마테리알은 국내외의 무빙이미지에 대한 비평을 다루는 매체입니다. 온라인 홈페이지와 더불어 동명의 신문을 발행하고 있습니다. 신문은 2019년 5월 0호를 시작으로 현재 4호까지 나왔으며, 오는 6월에 5호가 나올 예정입니다. 각 호마다 특정 주제를 중심으로 한 특집을 꾸리고 있습니다. 3호에선 한국 퀴어영화에 대한 특집을 준비했고 4호는 질식자의 편지 후속 기획으로 지면을 꾸렸습니다.

이 편지를 처음 읽는 독자들을 위해 마테리알의 간단한 소개를 부탁드립니다.

마테리알이라는 단어는 어떻게 구상하게 되었나요? 「외래어 표기법」에 따르면 영어 단어 material은 '머티(어)리얼'이라고 표기해야 합니다. 이 단어를 알파벳 두 자씩 끊어서(혹은 한 음절씩 끊어서) 정직하게 표기한 형태로 결정하신 이유가 궁금합니다. "스루패스로서의 비평을 지향"하는 마테리알(혹은 마-테-리-알 혹은 ma-te-ri-al)의 정체성이 하이픈(-)으로 연결된 표기에서도 드러나는 것 같아 재미있게 느껴집니다.

루돌프 아른하임의 『예술로서의 영화』(김방옥 옮김, 기린원, 1993)를 읽다가 아른하임의 "material theory"를 "마테리알 테오리"라고 음차 표기한 것을 보았습니다. 보통 "매터리얼"이라고 할 것을 "마테리알"이라고 표기한 게 재밌었어요. 외래어도 한국어도 아닌 것이 무언가 새로운 단어 같기도 했구요. 저희 매체가 시작하면서 중요하게 결심했던 것이 영화/영상의 물질적인 부분에 대해 비평하자는 것이었기에 더욱 적절한 이름이라 생각했습니다.

매체 이름을 확정하기 전 여러 후보들이 있었을 것 같은데요. 아깝게(?) 떨어졌지만 소개하고 싶은 이름이 있다면 이야기해 주세요.

마테리알이 '스루패스로서의 비평'을 지향하다 보니, 처음엔 로빙패스에서 따서 '크리티컬롭잉'이라는 이름으로 활동하려 했어요. ('스루패스'는 상대팀 선수 사이로 공을 차서 보내는 패스, '로빙패스'는 같은 팀 선수가 뛰는 방향의 빈 곳에 떨어뜨려 주는 패스이다.) 근데 그 이름이 문화비평웹진 「크리틱-칼」과 너무 비슷한 동시에 로컬 패션브랜드 이름처럼 느껴진다는 생각이 들어 조금 더 고민을 하다 마테리알을 떠올리게 되었습니다. 그 과정에서 '비평집단 기백'이나 '마테리알테오리' 같은 말도 안 되는 후보들이 나왔죠.

마테리알의 발행인과 편집인을 간단하게 혹은 복잡하게 소개해 주세요.

다함께 박차차, 정경담, 함연선은 마테리알 공동 편집인이자 발행인입니다. 다함께 박차차는 서울에 살며, 예술작품을 제작하는 회사에서 프로듀서로 재직 중이고, 정경담은 거주지가 불명확하며 예술 작품을 기획하고 만드는 일을 하고 있습니다. 함연선은 서울에 살며, 예술 작품에 대해 연구 및 비평하는 일을 하고 있습니다.

서로 어떻게 만나게 되셨나요? 처음 만나고 마테리알을 창간하기 전까지 어떤 이야기들을 나누셨나요? 어떤 시각, 방향, 목표를 공유하고 있는지요?

2016년, 맨송맨송한 동갑내기 친구로 함연선과 정경담이 얼결에 말을 트고 지내기 시작합니다. 두 사람은 보통 커피를 마시면서 다정한 이야기를 나누는 식으로 친분을 구축했지요. (마테리알을 만들고 나서는 매일 싸우기 시작했지만……) 반면 다함께 박차차와 정경담은 '79 포차'라는 이름의 술집에서 매일 치사량까지 술을 퍼마시며 서로의 'TMI'를 속성으로 파악하게 됩니다. 그리고 2017년 무렵부터 함연선도 커피 대신 소주를 마시게 됩니다. 비평과 영상에 대한 이야기는 언제나 술자리의 화두였습니다. 그러니까 기원으로 거슬러 올라가면 이 집단은 합법적 항정신성 약물들에 의존하여 시작되었습니다. 지금 콜리그에서 활약하고 있는 김혜림도 언제나 함께였고요.

2018년, 지금은 없어진 망원동의 심야 카페에서 함연선과 정경담은 고뇌에 잠겨 있었습니다. 두 사람은 스물여덟이었고, 비평계에 대한 사적 토로를 시작했습니다. 정경담의 인스타그램에 "스스로 살 길을 찾고 싶은 모임"으로 그날의 기록이 아직까지 남아 있어요. 두 사람은 매일 글을 쓰면서도 그 글을 어딘가에 발표할 엄두를 내지 못했습니다. 우리가 공인되지 않았기 때문에요. 그리고 공인되지 않았기에 파편으로만 존재하는, 양질의 인사이트들을 발굴해야 한다고도 얘기했습니다. 새벽까지 이어진 대화는 얼토당토않게 "우리가 새로운 지면을 만들자"는 결론으로 갈무리되었습니다. 40대에도 '루키'로 소개되는 비평가들이 가득한, 그리고 그마저도 86세대 '선생님'들의 요청에 의해서만 지면을 획득할 수 있는 영화비평계에서 스스로 자리를 만들자는 것이었습니다. 우리의 행보를 "86세대를 살해하자"는 것으로 독해하는 분들도 계십니다. 하지만 저희의 문제의식은 영상비평계를 구성하는 이들 중 20~30대가 없다는, 있어도 '독립-'의 접두어를 달고 있는 가외 공간에서 대안의 역할로만 인정받고 있다는 것이었습니다. 그리고 그 문제는 86세대로 구성된 한 줌의 심사위원들에 의해 공인받지 않으면 '계'의 구성원으로서 목소리를 낼 수 없기 때문이라고 생각했고요. 그렇지 않나요? 우리 세대의 평자들이 역사화되기 위해서는 아마도 기약되지 않은 미래에 발간될 어느 학술논문의 힘을 빌려야 했을 겁니다. 그 전에 연속적 담론의 장을 만들어 보고 싶었습니다.

다함께 박차차에게 도움의 손길을 내민 것은 0호와 1호를 내고 2호를 준비하던 시기였습니다. 더 다양한 관점과 관심사들을 모을 수 있게 편집부 차원에서도 확장이 이루어져야 한다는 생각에서였습니다. 서촌의 한 카페에서 그런 이야기를 나누다가 다함께 박차차에게 전화를 걸었고, 한달음에 달려온 다함께 박차차는 두 사람의 제안을 수락했습니다. 지금의 마테리알은 이렇게 결성되었습니다.

마테리알이라는 (종이)신문에 대하여

마테리알의 놀라운 점은 종이신문의 형태로 발행된다는 점입니다. 그것도 변형판이 아닌, 254*374mm(B4 타블로이드판)라는 진정한(?) 신문 크기로 발행하고 있는데요. 한국언론진흥재단의 「2020 언론 수용자 조사」에 따르면 '댁에서 현재 종이신문을 정기구독하십니까'라는 질문에 6.3%만이 '그렇다'고 응답하며 역대 최저치를 기록했습니다(2020년 12월 기준). 단행본의 형태가 아닌, 종이신문의 형태를 선택한 이유가 궁금합니다. 신문의 물성 중 어떤 특징들을 활용하고 싶으셨나요?

지금 마테리알은 신문(오프라인)과 웹(온라인) 플랫폼 형태를 병행하고 있는데요. 매체에 따른 이 두 가지 읽기 방식 역시 다를 것이라고 생각합니다. 우선 잡지가 아닌 신문의 형태를 결정한 것은 어느 정도 차별화 전략이기도 했습니다. 2013년 이후 영화잡지가 엄청나게 많이 등장했어요. 저희는 '비평'을 가볍게 손에 들고 읽는 경험을 제공하고 싶었어요. 신문은 그야말로 막 다룰 수 있잖아요. 편하게 들고, 접고, 가방에 쑤셔 넣고, 보고 싶은 부분만 찢어서 지갑에 넣고, 비 오면 접어서 머리에 쓰고, 돌돌 말고… 또, 잡지처럼 디자인 그 자체에 너무 많은 품이 들지 않으면서, 비평이라는 메인 콘텐츠에 집중할 수 있는 좋은 매체라고 생각했습니다. 무엇보다 마테리알 창간호에 "우정이 아닌 동업을 제안한다"는 말이 있는데, 신문이라는 형식이 '동업'이라는 건조한 단어에 어울리는 선택이라고 생각했어요.

　그리고 물질이 가진 힘이 있습니다. 그래서 디자이너와 협업하여 글이 신문으로 물질화되는 과정에서 해볼 수 있는 많은 것들을 실험적으로 시도해 보고 있어요. 창간호의 경우 양면의 대칭성을 강조했고, 2호에서는 낱장으로 떼었을 때 각 장이 하나의 콘셉트를 가진 포스터로서 기능할 수 있도록 디자인했습니다. 창간준비호부터 2호까지는 언제나 표지에 마테리알의 선언문을 텍스트로 삽입했는데요. 3호에서는 그 선언문을 일러스트레이션으로 시각화해서 앞뒤에 '둘렀'습니다. 그리고 마트 전단지나 별책 지라시 형태의 출력물에서 모티브를 얻은 "공개서한"을 배포하기도 했고요. 4호에서는 그 공개서한을 시각화한 표지 일러스트레이션과 100% 실물 크기의 공개서한 이미지를 신문 본문에 삽입했습니다. 곧 발간될 5호에서는 특집 주제인 "시리즈의 감각"에 대한 표지 일러스트레이션은 물론, 물성과 골조에 주목하는 마테리알의 비평적 관심을 엿볼 수 있도록, 편집 디자인의 뼈대를 드러내 보이는 새로운 콘셉트를 선보일 예정입니다.

신문을 꾸준히 읽으면 집중력이 향상된다는 연구결과가 있는데요. 이왕이면 마테리알을 읽으시면서 성인ADHD도 극복하고 재미난 글들도 읽고 주목할 만한 작가/감독들도 찾아보는 일석삼조의 경험을 해보시길 바랍니다.

창간준비호(0호)를 2019년 5월 전주국제영화지에서 무가지로 직접 배포하셨습니다. 당시의 시공간은 어땠나요? 이후 유가지로 전환하면서 한 번의 가격 상승이 있었는데요. 신문의 가격은 어떻게 정해졌나요?

각자 에어비앤비로 방을 잡고 내일 시간을 정해 객사 한복판에서 만났습니다. 상영 시간표를 보고 '시네필'들이 출몰할 것으로 예상되는 프로그램 시간에 맞춰 메뚜기처럼 자리를 옮겨 다니며 창간순비호를 배포했어요. 전단지 알바나 '도민족'(?)

으로 오인받아서 매몰찬 거절도 많이 당했습니다. 전국 각지의 영화과 '과잠'을 입은 학생들에게 비평신문 읽어 보시겠느냐고 물어봤는데 다들 고개를 절레절레하더라구요. 누군가 조국 영화의 미래를 묻거든 고개를 들어 그들을 보게 하면 되겠다고 생각했습니다.

우리를 불러 세워 출신 대학이나 결성 계기 같은 것들을 호구조사하는 사람도 있었고, 무엇보다 더운 날씨에 무거운 신문 더미를 들고 다니는 게 힘들었어요. 마지막으로 남은 수량을 배포한 게 「라 플로르」의 야간상영 입장통로였는데, 배포를 끝내고 나서 길거리에 선 채로 마테리알을 펼쳐 읽는 사람들을 보고 감동했던 기억이 납니다. 창간준비호 당시에는 신문 사이즈가 훨씬 컸습니다. 지금은 여러 이유로 타블로이드판으로 축소되었는데, 그때는 「동아일보」 크기였어요. 그 큰 신문을 펼치고 글을 읽어 주시는 모습이 매우 극적이고 인상적이었거든요.

신문의 가격은 정말 크게 망해 버리지 않을 정도로만 최소 비용으로 책정합니다. 현재로서는 간신히 제작비와 고료 정도만 회수하는 정도예요. 마테리알을 하기로 처음 결심했을 때부터 텀블벅이나 후원금 같은 경로에는 최대한 의존하지 말고, 우리가 우리 돈으로 자유롭게 시작할 수 있는 여건을 마련해 내보려고 했습니다. 지금까지도 여기에는 변함이 없어요. 가격 인상은 증면을 결정하면서 이루어진 것입니다. 남는 돈이 많아지지는 않았고요. 이번에도 대폭 증면을 결정했는데 판매가를 동결하면 적자가 나는 상황이라 인상 여부를 고민하고 있습니다. 독립잡지의 경우에 때마다 판매가가 널을 뛰는 경우가 많은데요. 호별로 사양도 달라지고, 면수나 도판이나 고료도 달라지니 당연한 일이라고 생각합니다. 증면뿐 아니라 점점 신문 발행에 쓰는 비용이 다양하고 많아지고 있어요. 1호부터는 편집디자인, 3호부터는 표지 일러스트레이션에 전문가들을 섭외했고, 4호부터는 전문 교정교열인과 함께 일하게 되었고 알라딘 등의 인터넷 서점을 통한 유통을 시작했습니다. 5호에서는 미술 분야에 대한 도움을 주시는 객원 에디터를 모셨고요. 앞으로는 홍보나 마케팅에 더 힘을 써 볼 계획도 있습니다.

당장 이런 시도들이 경제적 부담으로 다가오기는 하지만, 시도할 것을 시도하지 못하고 위축되는 일을 감수할 단계는 아니라고 생각하기 때문에 내부에서는 긍정적으로 여러 가지 방안을 검토 중입니다. 물론 돈은 늘 부족합니다. 하지만 괜찮습니다. 드라마 프로듀서, 방과 후 어린이 코딩 강사, 기획 작가, 논술 첨삭, 투고나 모더레이팅 같은 것들로 아주 조금은 벌고 있으니까요…….

마테리알은 신문의 형태로 발행되지만 (의외로?) 정기구독 신청은 받지 않고 있습니다. 추후에 정기구독 신청을 받을 계획이 있으신지 궁금합니다. 아울러 반년간지보다는 다소 짧은 주기로 발행되는데, 발행 시점을 고정하지 않은 이유가 있나요? 혹은 발행 시점을 결정하는 방법은 무엇인가요?

정기구독 문의를 많이 받습니다. 저희도 당연히 정기구독을 받으면 좋죠. 조금 더 안정적으로 출간을 할 수도 있을 테고요. 하지만 아직까지 구독을 받지 않는 이유는 우리의 발행 프로세스에 있습니다. 우리가 확실하게 발행 계획을 확정할 수 있는 여건이 되지 않는 상황에서 무턱대고 독자들의 선금을 받을 수는 없으니까요. 현재 연 3회 정도의 발행주기를 어느 정도 유지하고 있는데, 사실 처음의 목표는 계간지로 연 4회

발행하는 것이었지만 여러 여건상 지금의 연 3회 발행 형태가 현재 전력으로 가능한 최대치입니다. 아쉬운 점도 있지만…… 앞으로의 상황에 따라 발행 주기는 더 좁아질 수도 있고 더 느슨해질 수도 있습니다. 빨리 안정기에 접어들어 발행 시점이 고정되고 구독도 받을 수 있으면 좋겠지만, 당분간은 현행 유지되지 않을까 싶어요. 현행인 연 3회를 기준으로 올해 안에 발행 계획과 루틴 등을 정착시키려고 하고 있습니다. 내년부터는 그래도 다음 스텝을 기대해 볼 수 있지 않을까 합니다.

많은 매체들이 고료 문제를 포함한 제작/운영 비용으로 고민합니다. 특히, 글에 대한 고료나 저작권에 대한 이슈는 종종 어떤 윤리적 문제로 환원되기도 하는 것 같은데요. 마테리알에서는 어떤 생각을 가지고 계신지요?

처음에 마테리알 창간을 준비하면서 나름대로 굳게 결심했던 것이 바로 동료들을 착취하지 말자는 것이었습니다. 많은 고료를 지급할 수는 없어도, 최소한 원고지 매수당 가격과 분량 초과시의 고료 산정 방법 정도의 기준을 정확하게 세우고 청탁 단계에서부터 필자들에게 공유하자는 것이지요. 말 그대로 정말 최소한의 기준이지만 이마저도 지켜지지 않는 경우가 허다합니다.

확실히 고료가 제작비의 대부분을 차지하긴 하지만, 그렇다고 해서, 원고 수나 글자 수 자체를 제약하는 건 본질에 어긋나는 일이라고 생각했습니다. 그래서 인쇄 전 선주문을 받는 프로모션 등을 기획하고 언리미티드에디션 같은 북페어에 참가하는 등 최대한 나름의 대책을 마련하려고 노력 중입니다. 열심히 하다 보면 매당 1만원을 지급할 수 있는 매체가 될 수 있을까요?

마테리알이 아닌 것에 대하여

마테리알 활동을 하지 않았다면 지금 뭘 하고 있을 것 같나요? 결국은 마테리알(과 같은) 활동을 했을까요?

편집인 모두가 마테리알 이외에 '머니 잡'을 가지고 있거나, 혹은 가지려고 합니다. 마테리알 활동이 무언가로 대체될 수 있을 거라고 생각지는 않습니다. 어쨌든 혹은 무엇과든 병행되었겠죠. 이미 마테리알 말고도 많은 일을 하고 있어서, 마테리알을 하지 않았더라도 '비평집단 기백'이나 '크리티컬룹잉' 같은 걸 하고 있지 않았을까요? 결국 할 수밖에 없었을 것 같다는 뜻입니다.

질식자의 편지에 대하여

질식자의 편지를 즐겁게 읽었습니다. 무엇보다도 '공개서한'이라는 방식이 인상적이었습니다. 누구나 수신인이 될 수 있고, 또 누구나 회신할 수 있다는 점, 이 서한이 시작이며 계속해서 확장될 것이고 끝이 없다는 점, 서두의 '우리'라는 대명사가 여러 가지의 의미로 또 다정하게 읽힌다는 점에서 마테리알이 추구하는 '열려진 공간'이 정확하게 드러나고 있다고 느꼈습니다. 기획 의도와 반응 등 성과를 듣고 싶습니다. 인상적인 회신이 있었다면 소개해 주시고, 재회신하시고 싶으신 내용이 있다면 살짝 알려 주세요.

공개서한에서 '우리'라는 대명사를 사용한 것은 영화 문화에 관계한 모든 이들, 이를테면 감독, 제작자, 작가, 평론가, 논객, 관객, 시네필, 대중, 전공자들 모두에게 이 서한이 가닿기를 원했고, 또 그렇기 때문에 '우리' 역시 우리가 소환하는 대상에 재귀적으로 포함되어 있었기 때문입니다. 그러한 의미에서 다정한 뉘앙스로 읽으셨다는 것, '열려진 공간'과 연결 지어 생각하셨다는 것 모두 충분히 가능한 이야기라고 생각합니다. 서한을 보내는 '우리'가 고민하는 것, 문제 삼는 것, 궁금한 것들에 대해 다양한 사람들에게 다양한 회신을 받고 싶었어요. 그리고 그러한 회신들이 오고 가는 사이에서 발신자인 '우리' 역시 새로운 할 말이 생길 수도 있고요.

그러한 의미에서 가장 인상적이었던 회신 가운데 하나는, 최종적으로 온라인에도 오프라인에도 회신 게재를 원치 않으셨던 K씨의 편지였습니다. K씨의 편지는 여러 차례 꾸준히 도착했지만, 우리와 대화를 나누고, 문제의식의 진단에 힘을 보태고자 하시는 데 최우선적인 목적을 두셨기 때문에, 저희의 끈질긴(?) 회유에도 불구하고 숙고 끝에 결국 게재를 고사하셨습니다. "한국의 독립영화", "유통과 배급망, 생태계의 변화", "위기와 불능감", "비평과 기획", "작가와 작품", "상징권력"에 대한 매우 많은 갈래의 대화를 시작할 수 있는 중요한 쟁점들을 건드리는 글이었기 때문에 아쉬움이 많이 남았지만, K씨의 회신이 사적인 차원에서 머문 것은 아닙니다. 그와의 대화는 분명히 '우리'에게 영향을 미쳤기 때문에, 어떤 형태로든 이미 드러났거나 앞으로 드러나게 될 것이라고 생각합니다.

가장 첫 번째로 도착한 회신이었던 Cho Cho 님의 회신도 무척 인상적이었습니다. 이 역시 아쉽게도 지면에는 싣지 못했지만, 온라인 페이지에 수록되어 있으니 관심 있으신 분들은 읽어 보시면 좋겠습니다. 정성일 평론가의 회신은 기성 영화인들 가운데 실명으로 보내 주신 몇 안 되는 회신 중 하나라 의미가 크다고 생각합니다. 그 밖에도 온라인과 오프라인에 게재를 허락해 주신 많은 수신자들의 회신이 있었고, 모두 큰 의미가 있습니다. 이 자리를 빌려 감사드립니다. 공개서한 프로젝트는 갈무리되었지만 앞으로도 대화의 장이 지속될 수 있었으면 합니다.

미래의 목표, 계획 등이 있다면 짧게 부탁드려요.

마테리알이 갖는 근미래의 목표는 무엇보다 내년 초에 발간될 마테리알 6호를 잘 만들어 무사히 발간하는 것입니다. 장기 목표는 우리 매체의 독자층과 판매 부수를 넓히고 우리의 글을 더 많은 분들이 읽어 주실 수 있도록 만드는 것입니다. 보다 궁극적으로는 최대한 많은 스루패스를 보내고 또 받는 것이 마테리알의 끊임없이 갱신되는 청사진입니다.

3
결자
론

우리

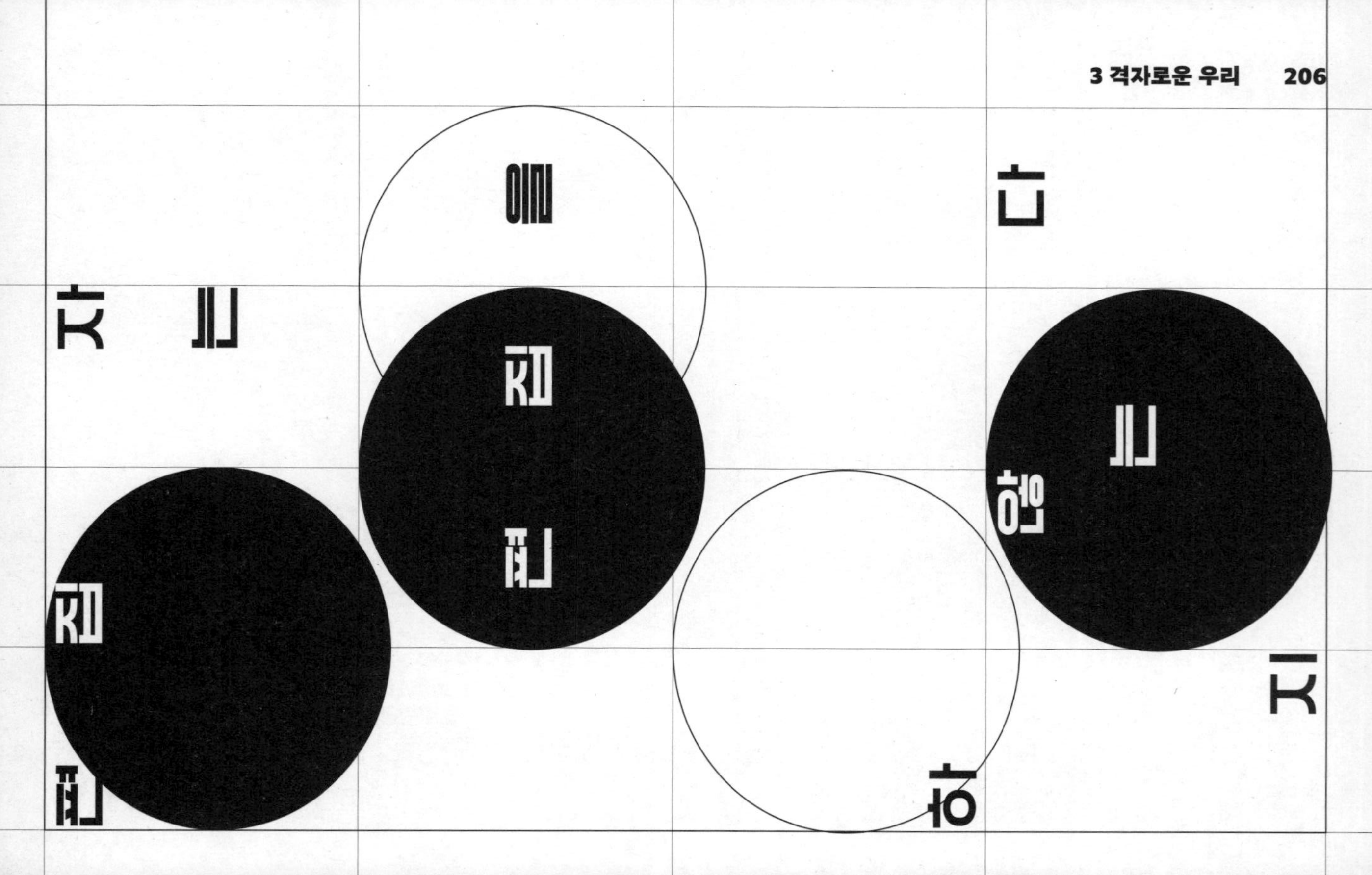
편집자는
편집을
편집하지
않는다

0°

오후 4시 반이었다. 담임선생님이 종례를 하러 들어왔어야 할 시각이었는데 들어오**지 않**았다. 학급 아이들은 모두 떠들고 있었다. 나는 그날 점심시간에 학교 도서관—지하 1층에 있었는데 복도 맞은편에 있는 자율 학습실보다 훨씬 작았고 주로 생물 시간에 쓰던 과학실보다도 작은 공간이었다—에서 빌린 『상실의 시대』를 읽고 있**지 않**았다. 그때 누군가가 들어왔다. 다짜고짜 들어와서는 다들 조용히 해, 담임선생님 출장 가셨어, 다들 앉고 자습해라고 말했다. 말했다기보다는 다소 투덜대는 말투였다. 누구세요? 너네 반 부담임이야, 얼른 자습해. 근데 선생님은 누구세요? 너네 반 부담임이야, 얼른 자습해. 말은 그렇게 했지만 부담임선생님은 학생들이 떠들면 떠드는 대로, 자습을 하면 하는 대로 내버려 두었다. 초여름이었다. 우리 반은 봄에 있었던 환경미화 심사에서 1등을 했다. 지금 생각하건대 아마 담임선생님의 사비가 많이 들어갔을 학급 구석구석—우리 반 정수기 옆에는 여러 가지의 차와 코코아 파우더가 있을 정도였다— 을 그는 휘휘 둘러보다가 교실 맨 뒤에 있는 학급 게시판을 보러 갔다. 학급 게시판에는 반의 모든 학생들의 사진—초등학교 저학년 혹은 그보다 더 어렸을 때의 사진—과 함께 장래희망이 적혀 있었다. 서른 명은 넘고 마흔 명은 되**지 않**는 우리 반 학생들의 이름과 어렸을 때의 사진과 장래희망을 꼼꼼히 읽던 그가 내 이름을 불렀다. ——
——? ———가 누구야? 저요. 나는 손을 들고 뒤를 돌았다. 너 꿈이 ——

—야? 네. 너 —— 될 거야? 네. 그게 끝이었다. 부담임선생님은 더 물어보**지 않**았다. 게시판에 분명히 쓰여 있을 텐데 왜 굳이 또 물어보(시는 거)지? 잠깐 생각했으나 나는 아이들과 떠들기 시작했고 어느 순간 보니 이미 부담임선생님은 나가고 안 계셨다.

김광석, "새장 속의 친구", 「김광석 다시 부르기 2」(1995)

면접을 보러 오라는 연락을 받았다. 제출한 이력서와 동일한 내용의 이력서를 자필로 써서 가져오라는 말에 약간 당황했으나 어려운 일은 아니었다—솔직히 말하자면 글씨체에 자신도 있는 편이었다. 지금까지 봤던 몇 번의 면접 자리에서는 모두 면접자가 나 혼자였는데, 이번에는 면접 장소로 지정된 방이 지원자로 가득 차 있었다. 간단한 시험을 봤다. 시험지를 거둬 가더니 조금 지나자 면접관으로 들어온 사람들 중 한 사람이 각 지원자에게 자기소개를 시켰다. 나는 세 번째 차례였는데 갑자기 할 말이 전혀 생각나**지 않**아서 20초가량의 침묵이 생겼다. 자기소개를 준비하지 못한 것은 아니었다. 심지어 버스를 타고 오면서도 몇 번씩 외웠다. 말을 고르고 골랐던 것도 아니었다. 갑자기 바로 그 전에 있었던 다른 회사의 면접 자리에서 이렇게 백지 같은 사람이라는 이야기를 들었던 것이 생각났던 것도 아니었다. 그냥 말이 나오**지 않**았다. 일단 시작하자, 고 생각한 후에야 겨우 짧은 자기소개를 마쳤다. 그리고 그것 때문에 나는 떨어질 것이라고 생각했다. 지원자가 많아서였는지 면접—회사 대표를 만나는 최종 면접까지 그날 모두 진행되었다—은 두 시간 정도 소요되었고, "애들" 밥이나 "멕이고" 보내라는 대표의 말 한마디 때문에 그날 처음 만났던 사람들끼리 어색하게 김치찌개를 먹었다. 식사를 마치고 나는 떨어질 것이라고 확신했고 그렇다면 이 사람들은 다시 못 보겠구나 하는 다소 감성적인 마음도 들어서 혼자 다른 방향으로 나섰다.

M83, "Midnight City", 「Hurry up, We're Dreaming」(2011)

책은 많이 읽지 못했습니다. 하루 종일 문장을 교정하고 집에 오면 텍스트를 볼 힘이 남**지 않**더군요. 읽히**지 않**는 문장을 조금이라도 읽히게는 만들려고 이것저것을 다듬고 나면, 누군가 이미 단정히 정리한 문장을, 그렇게 엮은 책을 읽고 싶어지기도 했지만, 생각보다 자주 그렇지는 않았습니다. 그냥 텍스트에 질려 버리는 게 더 쉬웠고 맥주를 마시는 게 더 편했고 넷플릭스에 접속하는 게 더 간단했고…… 직장 생활

은…… 야근수당을 주**지 않**고(그래서 야근을 하**지 않**습니다)…… 어딘
가에서 떨어진 원고를 받아 기계처럼 편집을 합니다. …… 그동안 열두
명이 퇴사했고 여덟 명이 입사했습니다.

Ginger Root, "Call It Home", 「Mahjong Room」(2018)

저희 아무거나 일단 해 보죠. 그럼 역시 책을 만들어 보는 것이 좋
겠죠? 내가 회사에서 만들고 있는 것들은 책인가? 책은 아닌가? 책은 맞
는가? 우리는 자주 만났고 만나면 고체와 함께 반드시 액체를 먹었고 많
이 웃었다. 거대한 이야기들을 했던 것 같다. 나는 회의록을 작성하면서
누군가가 무슨 말을 했는지 집착적으로 기록했고 나의 이야기는 거의 없
었다. 나는 말하는 대신 듣고 적었다. 원고를 한 권—은 아니고 보통 네
자릿수의 질량이었지만, 여하튼—의 책으로 만드는 것에 급급했던 시절
이 빠르게 지났고 나는 점차 궁금했다—내가 만들고 있는 것들은 누가
읽을까? 심지어 저자도 읽**지 않**는 것 같았다. 아니, 저자가 읽**지 않**는 것
은 분명했다. 읽는 것은 나. 그런데 읽(히)**지 않**으면 책이 아닐까? 나는 출
근길에 사람이 가득 찬 버스 안에서 노래를 듣다가 또는 라디오를 듣다
가 또는 바깥의 벚나무를 보다가 조금 운 적도 많았다. 반복되는 것들이

나를 만든다는데 나는 아무도 읽**지 않**는 것을 계속해서 만들었다. 저자가 제작비를 부담한다고 하면—회사는 방침에 따라 자비 출판을 하**지 않**는다고 했지만—아무도 읽**지 않**는 것을 2,100부씩 만들었다. 그럼 역시 책을 만들어 보는 것이 좋겠죠? 그러니까 역시 책을 만들어 보는 것이 좋겠죠. 내가 만드는 것은 아무도 읽**지 않**지만 우리가 만든 것은 누군가가 읽기를.

Nat King Cole, "Quizás, Quizás, Quizás",「Cole Español」(1958)

　　이상하고 아름다운 사람들을 많이 만났다. 책을 읽는 사람들과—읽**지 않**는 사람들과—쓰는 사람들과—쓰**지 않**는 사람들과—만드는 사람들과 파는 사람들, 소개하는 사람들. 책을 좋아하고 싫어하고 지겨워하고 그만두고 그만두**지 않**는 사람들, 놓**지 않**는 사람들. 책에는 관심이 없는 사람들과 책에만 관심이 있는 사람들. 무엇무엇을 참을 수 없는 사람들과 다른 사람들은 어떻게 하는지 궁금한 사람들과 아무튼 바꾸려

는 사람들. 바쁜 사람들. 나는 그들을 만나고 이야기를 듣고 빠르게 받아 적었다. 같은 공간에서 함께 시간을 보내고 거리를 걷고 밥을 먹고 음악을 듣고 술을 마셨다. 연락처를 교환하고 연락을 주고받았다. 글을 요청해서 받거나 빠르게 써서 느슨하게 엮어 물질로 만들었다. 반년에 한 권, 세 자릿수의 부수로 찍었다. 우리는 만들어진 것들에서 일부를 떼어 나누어 가졌다. 그것이 우리가 나누어 가질 수 있었던 유일한 '물질'이었다. 그러나 나는 거의 매번—그러니까 반년에 한 번, 일 년에 두 번씩—그것들을 손에 들고 어쩔 줄 몰라 했다. 보여 주고 싶기도 했고 그러기 전에 발견했으면 하기도 했고 자랑하고 싶기도 했고 가끔은 모르는 체하고 싶기도 했고 인정받고 싶기도 했고 비밀—"사람이 비밀이 없다는 것은 재산 없는 것처럼 가난하고 허전한 일이다"—로 두고 싶기도 했다. 그런데 누구에게 무엇을 왜? 여러 이름들과 얼굴들과 연락처들이 떠올랐다가 모두 가라앉았다. 쩔쩔매다 보면 어느새 반년이 훌쩍 지났다.

못, "다섯 개의 자루", 「이상한 계절」(2007)

선생님, 안녕하세요. 그동안 잘 지내셨나요. …… 저는 이런저런 이유로…… 시니컬하고 쿨한 척하는 겉멋에 젖어 대학을 다녔는데…… 회의를 거듭하다가 일단은 취직을 하기로 마음을 먹었습니다. 일단은 빚이 많았고…… 빚이 많았습니다. …… 작다면 작고 크다면 큰 한 출판사에 다니고 있습니다. 빚 때문이라면 연봉 높은 대기업에 취직했어야 했겠지만…… '재밌어서 교정을 보기 어려웠던 원고도 만나곤 했습니다'라고 썼다가 지웠습니다. 그런 일은…… 한 번도 일어나**지 않**았습니다…… 애석하게도 기회가 없었습니다. …… 함께 일하는 편집자 몇몇과…… 이 것저것을 자주 욕하며 술을 마셨고…… '편집자는 편집을 하**지 않**는다'라고 모임명을 정했습니다. (농담 같네요.) 편앒의 이름으로 누군가를 만나면 "기존 출판의 권위적·퇴행적 관행에 의문을 갖고, 새로운 장을 열어보자는 의도로 시작됐습니다……"라고 소개하기는 합니다만, 저는 솔직히, 이런 거창한 이유 때문이라기보다는 그저……. 추신: 제 이름은 당연히 김윤우가 아닙니다…….

Lou Reed, "Perfect Day", 「Transformer」(1972)

　　공통 질문(회사 안에서 또 밖에서, 출판계 안에서 또 바깥에서)—
"이직은 안 하세요?" 내가 우리가 되기 전에는 구구절절—이쪽 판(?)이
신입을 진짜 안 뽑아서요, 하기는 할 건데 일단 경력부터 좀 쌓아야 될
거 같아요, 일단은 퇴사부터 하려고요—이야기를 늘어놓았다. 내가 우
리가 되기 전에는 퇴사를 바라볼 수밖에 없었다. 대리를 달면—질려 버
려서—퇴사한다는 (출판계) 징크스도 있었다. 평균 3개월에 한 번씩 사
람이 들고 났는데 다들 아무렇**지 않**게 그 시간들을 보냈다. 누군가 퇴사
를 하면, 나도 일단은 나가야 한다, 나도 곧 나가야 한다, 그렇게 생각했
던 것 같다. 사람이 나간 빈자리를 묵묵히 정리하면서, 회사에 오래 남은
과장과 차장과 임원들과 회사에 오래 남을 부장을 보면서, 나가야 한다,
저렇게(?) 될 수는(?) 없다, 다짐했던 것도 같다. 그러나 나는 어디로 갈 수
있을지—"어디건 가긴 가야 한다"—알 수가 없었다. 그 사람들이 어디로
가는지 절박하게 궁금하기도 했다. 출근하면 시크릿 창을 열고 북에디
터에 들어가 구인/구직 게시판을 읽었다. 이력서와 자기소개서를 하나의
파일로 묶어 지원하기도 했다. 다급하게 작성한 이력서로 면접 자리까지
부르는 회사는 없었다. "이직은 안 하세요?"라는 질문에 덤덤해지기까지
는 내 예상보다 시간이 좀 더 걸렸다.

활주로, "이빠진 동그라미", 「활주로」(1979)

합격 전화를 받고 나서 자리로 돌아와 퇴사 소식을 언제 어떻게 전해야 할지 고민하**지 않**았다. 일단, 점심을 먹고, 카페에서 커피를 한 잔 마셨다. 자리로 돌아와서는 사직서를 쓰기 위해 퇴사 날짜를 가늠해 봤다. 나는 2주 뒤 퇴사하겠다고 말하고 회사는 4주를 말하고 3주 정도로 조율되겠지. 본인은 일신상의 이유로 —년 —일 —일부로 사직하고자 합니다. 시간이 아주 고요히 흐르는 것 같았다. 모니터 뒤에 놓인 4×2짜리 책장을 바라보았다. 『편집자란 무엇인가』, 『내 문장이 그렇게 이상한가요?』, 『편집자를 위한 북디자인』, 『편집자 되는 법』, 『생활 공작』. 메일을 쓸까 했다가 관두었다. 컴퓨터의 D 드라이브를 열고 데이터를 정리하기 시작했다. 2주 전 연차—연차의 사용을 자유롭게 보장한다고 하였으나 '이직을 위한 면접' 외에 그럴싸한 이유를 아무튼 대야 했다—를 내고 참여한 면접 자리에서 받았던 마지막 질문이 생각났다. 저희가 왜 지원자님을 뽑아야 할까요? 말문이 막혀서 바로 답을 하지 못한 유일한 질문이었다. 그것을 왜—그렇게는 말할 수 없었다. 횡설수설 답변을 하자 이번에는 회사에 궁금한 것이 있다면 물어보라고 했다. 그것이 면접의 마지막 질문이었다. 나는 잠시 고민하다가 점심 식사를 어떻게 하냐고 물어보았다.

JUSTHIS, "Gone", 「Re: Tired.」(2018)

시대에 맞게 계속해서 종말을 생각했다. 자주 생각하는 것들은 저녁 뭐 먹을까, 집에 또 언제 가나, 아, 집 가는 길에 무엇무엇 사야지, 쿨타임 다 찼을까, 빨리 게임 해야지 정도이고 꾸준히 생각났던 것은 종말이며 '인류의 종말', 'The end of the fxxxing world', '세계의 끝' 등등을 별다른 의미 없이 벌써 서너 번 썼다. 이직한 곳은 조금 답답하다는 것을 제외하고는 나쁘**지 않**은 곳이었다. 직원이 모두 합쳐 열 명이 채 되**지 않**았고, 같이 일하는 공간도 다소 작은 편이라 답답하**지 않**을 수는 없었다. 입사한 지 얼마 되**지 않**아 있었던 면담 자리에서 대표가 '우리 회사의 정신'이 있다고 한 것이 불쑥불쑥 떠올랐다. 회사에서 낯선 장면을 마주할 때마다 '아, 혹시 이것이 그 정신인가' 하고 생각했다. 예컨대 아무도 6시 정퇴를 하**지 않**고 약 10분쯤 지나서 다 같이 퇴근하는 것. 점심으로 고를 수 있는 메뉴가 몇 가지 없음에도 매번 고민하는 것. 점심시간 마지막 1분까지 산책을 하는 것. 그러나 그것이 회사의 정신인가요 하고 묻지는 않았다. 회사에 들어가자마자 보이는 벽에 모자를 쓰고 무릎을 세워 앉은 사람이 그려진 꽹과리가 있었다. 그가 왼쪽을 바라보는지 오른쪽을 바라보는지 애매하게 그려져 있어 마음에 들었다.

Khalid, "Young Dumb & Broke", 「American Teen」(2017)

"난 평생 누군가를 바다보다 더 깊이 사랑한 적은 한 번도 없었어. 넌 그런 적 있니?"

"나? 나는 그런 대로."

"없을 거야. 보통 사람들은 그래도 살아가는 거야. 날마다 즐겁게. 그럼, 그런 적 없어서 살아갈 수 있는 거야. 이렇게 하루하루를 그래도 즐겁게."

"……복잡하군."

"단순한 거야. 인생이란 거 단순해. …… 나 지금 엄청 멋진 말 했지? 다음번 네 소설에 써도 돼. 메모를 해. 메모."

"됐어. 금방 잊을 거야. 괜찮아. 외웠어."

—고레에다 히로카즈, 『태풍이 지나가고』(2016)

● 출판, 직접 해 보니 재밌고 좋기는 한데 망하는 도중

출판계를 맛보는 사람들이 으레 그렇듯, 저도 어렸을 때부터 책을 좋아했습니다. '내 취미는 독서'라고 당당하게 대답할 수는 있는 정도였습니다. 모처럼 용돈을 받으면 서점에 놀러 가 형편 닿는 대로 책을 집어 오기도 했으니까요. 대학원 공부를 마무리 짓고 직장을 찾을 때에도 자연스럽게 출판사를 기웃거렸습니다. 온통 경력만 뽑는 판을 간신히 비집고 들어가 2년 반 일했습니다.

출판사에서 일하면서 많이 느끼고 배웠습니다. 꽤 재미도 있었고요. 특히 좋은 책은 무엇인지 많이 고민하고 연구할 수 있었습니다. 완성도 높은 책, 주제가 명확한 책, 기획이 분명한 책, 사람들이 찾는 책. 출판계의 많은 사람이 좋은 책을 만들기 위해 늘 애씁니다. 덕분에 우리는 좋은 책을 꾸준히 만납니다. 만약 '좋다', '나쁘다'로 따지지 않는다면 책은 차고 넘치도록 많습니다.

하지만 출판 시장은 늘 불황입니다. 출판사는 매해 늘어나고, 밥 먹고 독서만 해도 다 읽지 못할 만큼 많은 책이 나오는데, 독서 인구는 그렇지 않습니다. 사람들은 책만 읽는 게 아니라, 인터넷 서핑도 하고 넷플릭스도 봐야 합니다. 할 것, 즐길 것은 점점 더 늘어나니 앞으로도 책 소비가 극적으로 늘어날 일은 없을 듯합니다.

수익이 적으니 새로운 도전이 두렵습니다. 번역서가 점점 늘어나는 것은 우리나라에 좋은 글이 없기 때문이 아닙니다. 이미 검증된 책을 시장에 내놓고자 하는 바람 때문입니다. 출판사마다 쉼 없이 기획, 기획, 기획을 해도 새롭고 실험적인 책을 좀처럼 만나기 힘든 까닭도 그 두려움 탓입니다. 형식, 방향, 구성, 디자인에서 '혁신적인' 책을 만나기란 정말 쉽지 않습니다.

여기에 딜레마가 있습니다. 실험하고 도전해야 그 세계가 발전합니다. 하지만 당연히 모험에는 대가가 따릅니다. 그 값을 치를 힘이 없다면 천천히 침몰하는 줄 알면서도 배를 떠날 수 없습니다. 아직 이렇게까지 힘이 빠지기 전, 그리고 웹과 모바일이 천천히 떠오르던 그때, 출판계가 나중을 내다보고 값진 실험을 할 수 있었다면 또 어떠했을까요? 하지만 이런 가정법에는 정답이 없습니다. 무엇보다도 감히 제 역할이 아닐 듯합니다.

출판계는 안에서부터 스스로 변화하는 대신, 밖으로부터 돌파구를 찾는 듯합니다. 독서 캠페인도 열고, 정부의 도움을 받아 여러 행사도 기획합니다. 책을 읽어야 지혜를 얻고, 독서를 하지 않으면 사고력이 떨어진다고 광고도 합니다. 가끔은 왜 책을 읽지 않느냐며 사람들에게 부채감을 끼얹으려 들기도 합니다. 모두 출판의 저변을 넓히기보다는 지금 존재하는 협소한 출판의 세계로 사람들을 끌어들이려는 시도입니다.

물론 효과가 있을 리 없습니다. 사람들이 이전보다 글을 적게 읽는 것은 아니니까요. 신문 구독자는 점점 줄어들지만, 시민들은 어느 때보다도 뉴스에 민감합니다. 마찬가지로 독서 인구는 줄었지만 텍스트 소비량은 오히려 늘어났습니다. 다만 그 주된 통로가 더 이상 종이로 만든 책이 아니라 웹, 디지털 매체일 뿐입니다. 사람과 세상이 바뀌었으니, 그걸 붙잡아 되돌리는 일이 가능한지는 둘째 치고 옳은 일이라는 생각도 들지 않습니다.

결론적으로, 이곳에 도달하고 보니 출판계는 이미 가라앉는 중이었습니다. 그러다 보니 회사에서 일하면서도 미래가 보이지 않았습니다. 5~6년 일한 팀장급 인재가 회사를 나와 1인 출판사를 여는 사례가 급증했다고 하던데, 겨우 2년 반 일한 저도 그 마음을 이해할 수 있었습니다.

● '그래도 출판일'이라면 이전과는 다르게

그럼에도 책 만드는 일 자체는 꽤 재미있었습니다. 텍스트를 다듬고 디자인을 더해 상품으로 만드는 과정에 참여하는 것. 참 흥미롭고 즐거운 일이었습니다. 가끔 소소한 성공도 하고 낯부끄러운 실패도 하면서 크게 작게 하나씩 익혔습니다.

아쉽게도, 회사 사정 탓에 적극적으로 기획하고 도전할 기회, 연구할 기회가 없었습니다. 어느 곳이든 장점과 단점이 있겠지만, 성장할 가능성을 주지 못하는 곳에서는 더 일하기 어려웠습니다. 불합리하고 뒤처진 구조, 그 구조를 알면서도 늘 어쩔 수 없다며 현상 유지를 외치는 조직도 젊은 직원들을 떠나게 만들기에 충분했습니다. 출판은 그렇잖아도 어려운 길인데 옛 사람, 옛 질서는 새로운 가능성의 발목을 잡는 듯했습니다.

하지만 그 회사에서 좋은 사람들을 만났습니다. 단순히 좋은 책을 만드는 데 그치지 않고, 과정으로서 좋은 출판을 함께 꿈꿀 수 있는 이들이었습니다. 다른 누가 상황을 바꿔 주기를 기다리며 책임을 떠넘기는 대신, 나서서 돌파구가 어디 있는지 더듬어 나가는 사람들이었습니다.

우리, 그러니까 젊은 사원들은 모여 토의하고, 고민하고, 다투고, 공유했습니다. 함께 힘을 모아 회사와 대화하며 작게나마 근로 여건도 개선했습니다.

다른 한편으로는 출판계가 함께 변화하지 않으면 결국 한계에 부딪힐 수밖에 없다는 것도 통감했습니다. 똑똑한 사람은 많은데 다들 적은 임금을 받고도 그런가 보다 해야 하는 출판계. 불공정한 계약을 관습적으로 반복하는 출판계. 그나마 있는 계약을 제대로 지킬 능력도 없는 출판계. 질 좋은 콘텐츠를 만드는 것보다는 그저 그런 콘텐츠를 헐값에 많이 만들어 생존하려는 출판계. 게다가 외부에서 꽤 건설적인 비판이라도 들려오면 얼굴 붉히며 정색하거나 시치미 떼기 바쁜 출판계. 모두가 그렇지는 않겠지만, 그런 모습을 정말 많이 보았습니다. 그러다 보니 어딜 가도 비슷한 듯하고, 어느새 체념하기 십상이었습니다.

그래서 기왕 좋은 사람들과 만났으니 함께 새로운 가능성을 찾고 싶었습니다. 빨리 가려면 혼자 가고, 멀리 가려면 같이 가라던가요? 이전에 없던 출판을 찾는 길이라면, 빨리든 멀리든 혼자는 못 갈 길이겠지요.

● 좋은 출판, 아직 다 모르겠지만 함께 꿈꾸고 만들며

이렇게 새 출판을 꿈꾸는 이들이 함께 '출판공동체'를 꾸리며, 우리는 세 가지 가치를 실현하고자 발버둥치고 있습니다.

먼저, 공정함입니다.

무슨 일을 하든 노동에 정당하고 공정한 가치를 부여해야 합니다. 출판노동자들이 임금을 얼마나 받는지 질문한 간단한 설문이 있습니다. 「편집자는 편집을 하지 않는다」 5호를 꾸리며 이 설문의 결과를 분석했습니다. 데이터가 적고 수집 방식이 편향적일 수 있지만, 같은 연차라면 여성보다 남성이, 디자이너보다 편집자가 더 많은 월급을 받았음을 발견했습니다. 이러한 차이는 정말 공평한 잣대에 따른 것일까요? 아니면 잣대가 옳지 않음에도 '관습'이라는 이유로 따른 것일까요?

또한 우리는 노동자의 전문성을 인정하고 그에 따른 책임과 권한을 부여해야 합니다. 현 상황에서 실무자들은 새로운 아이디어와 비전이 있어도 묵살당하기 일쑤입니다. 이들(특히 디자이너)은 중간 관리자의 '마이크로 컨트롤' 때문에 탈진합니다. 끝없는 비전문적 통제를 거쳐 나온 책은 결국 이전에 나온 책과 비슷비슷한 모양새입니다. 그렇기에 피드백에는 객관적이고 구체적인 근거가 있어야 합니다. 또한 지시에 앞서 논의와 협의를 해야 합니다.

결국 출판사와 저자, 출판노동자, 외주 출판노동자 사이의 권력 관계는 의지적으로 청산해야 합니다. 서로를 파트너로 보고 대할 때, 새롭고 신선한 콘텐츠가 등장해 새로운 독자를 유혹할 수 있을 것입니다.

출판공동체 편않은 저자, 서점은 물론 공동체 구성원끼리도 공정한 관계를 맺기 위해 고민합니다. 이를 위해 출판 프로젝트 가이드라인을 작성하고, 상호 대등한 계약서를 작성하기 위해 여러 표준계약서를 비교·분식했습니다. 앞으로도 더욱 객관적이고 열린 자세로 바른 기준을 찾기 위해 애쓸 것입니다.

또한 두 번째로, 투명함을 실현하길 꿈꿉니다.

책을 기획하고 제작하는 과정, 책 가격을 책정한 기준, 인건비 및 이를 책정한 기준 등은 언제나 은밀한 장막 뒤에 숨어 있습니다. 물론 비밀 중에는 사기업의 사정, 회사 운영의 묘, 장사 밑천까지 있을 것입니다. 하지만 공개하고 공유함으로써 발견할 수 있는 발전 가능성도 있습니다.

특히 출판계가 함께 앓는 문제가 있다면 힘을 모아 해결해야 합니다. 같이 문제를 인식하고, 이를 돌파할 방법을 모색하기 위해 지혜를 모아야 합니다. 이를 위해서는 투명하게 대화할 수 있는 영역이 절실합니다. 새롭고 성공적인 시도, 혁신과 발전은 물론 실패 사례도 서로 공유함으로써 집단지성을 키울 수 있습니다.

하지만 모자이크화한 출판노동계에서는 그런 기대마저 요원합니다. 사실 무엇을 함께 이야기할 수 있고, 또 무엇은 그러지 말아야 할지도 명확하지 않은 상황입니다. 출판노동자들이 모이면 으레 말을 아끼며 '우리만 그런 문제가 있나' 하고 서로 탐색하기도 합니다. 그 탓에 오히려 서로 아무것도 나눌 수 없는 처지에 빠졌습니다.

출판공동체 편않은 되도록 스스로부터 투명하기 위해 노력합니다. 지금은 코로나19로 인해 잠시 멈췄지만, 열린 회의를 진행하며 우리의 진행 상황을 누구에게나 열어 왔습니다. 책을 만들 때마다 견적이나 배열표도 공개했습니다. 되도록 계약서나 프로젝트 예산도 투명하게 공개할 예정입니다. 이런 노력으로 함께 대화할 영역을 확보하고, 이를 통해 더 발전한 출판을 고민할 토대를 닦기를 소망합니다.

마지막 세 번째로, 더 풍성한 다양함을 일구고 싶습니다.

독특하고 특별한 콘텐츠는 다양함을 한껏 품은 문화적 토양에서 잘 자랍니다. 다양한 사람, 다양한 의견, 다양한 목적, 다양한 기대가 서로 어우러질 때, 끝없이 새롭고 흥미로운 세계가 열립니다.

다양한 세상과 사상, 삶과 이야기를 대중에게 소개해야 할 출판이, 오히려 사람들이 품은 다양성, 독특함, 세밀함을 좇아가지 못합니다. 여전히 많은 출판사는 '일반 대중'을 상정하고 책을 냅니다. 되도록 많은 사람이 책을 사 읽기를 바라기 때문입니다. 그 탓에 비슷한 꼴, 비슷한 주제, 비슷한 저자가 유난히 많습니다. 하지만 대중은 이미 다양한 취미를 개발해 왔습니다. 이러한 독자들은 독특하고 분명한 주제를 깊이 다룬 내용을 선호합니다. 이를 염두에 둔 책은 사람들이 꾸준히 찾는 양서로 인정받습니다. 반면, 어설프게 상상한 '일반 대중'을 위한 책은 잠시 나왔다가 금세 잊혀 사라집니다. 이제는 세밀한 다양함을 따라가야 할 시점일지도 모릅니다.

한편 출판계는 여전히 일방통행식 의사소통에 익숙합니다. 물론 독자는 일단 책에 찍힌 텍스트나 도화를 바꿀 수 없습니다. 그러다 보니 독자는 언제나 수용자에 머문다고 착각하기 쉽습니다. 하지만 독자는 이미 다양한 매체를 통해 여러 방향으로 소통하는 데 익숙합니다. 콘텐츠 소비자끼리, 또 콘텐츠 생산자를 대상으로 다양한 의견을 펼치고, 또 이에 반응하는 모습을 즐깁니다. 이러한 소통 자체도 또 하나의 콘텐츠이자 문화의 장입니다. 출판계 또한 다양한 방식, 방향으로 소통하는 방법을 익혀야 합니다.

출판공동체 편않은 '출판 이야기'에 집중하고 있습니다. 사람들이 책을 만나기까지, 그 무대 뒤에서 어떤 일이 있는지 조명합니다. 또한 사람들과 책이 만날 때 어떤 사건이 벌어지는지 이야기합니다. 다양한 주체, 다양한 감회, 다양한 삶과 고민, 즐거움을 생생히 드러내려 합니다.

여기에 더해, 늘 다양성을 담으려는 시도를 잊지 않습니다. 주제나 형식에 구애받시 않고 다양한 글을 기고 받아 싣는 것 또한 이러한 도전의 일환입니다.

● 내일은 또 무슨 이야기를 쓸까

조금 더 꿈을 꿔 보자면, 민주적인 노동 환경을 꾸려 보고 싶습니다. 우리는 다름 아닌 노동 현장에 인생 대부분을 쏟아부어야 하는데,

그곳이 비민주적이고 권위주의적이라면 너무 막막합니다. 책임과 의사결정 과정도 더 분산되어 민주적으로, 권한도 수익도 더 투명하게 민주적으로. 그런 회사는 어떤 우리에게 어떤 열매를 가져다줄까요?

또 독자들이 생산에 적극 참여하는 구조를 만들어 보고 싶습니다. 출판 프로젝트에 직접 참여해 지원하고 그 결과에 따라 수익까지 나눠받는, 지금까지 없던 출판 시스템이 등장하면 어떨까요?

나아가 출판의 저변을 넓힐 수 있길 소망합니다. 이미 메타버스로 넘어가는 우리 세계에서 출판만 제자리걸음을 한다면, 그 역할을 점차 잃어버릴 것입니다. 그렇다면 이 새로운 세계에 어울리는 출판, 새로운 세계이기에 가능한 출판은 어떤 모습일까요? 가상세계, 복합현실, 그 외에 다양한 기술에 어떻게 출판을 접목할까요?

이 모든 도전이 결실을 본다면, 새로운 경제활동 모델을 제시할 수 있을까요? 민주적인 노동, 소비자와 생산자 간 경계를 허무는 시스템, 다양한 기술을 포섭할 수 있는 상상력. 이토록 오래 고민하면서도 여전히 뜬구름 잡는 소리뿐이어서 한편으로는 부끄럽지만, 다른 한편으로는 이 출판공동체를 함께하며 곧 답을 찾을 수 있을지 모른다고 기대합니다.

퇴사한 지 어느새 1년 반이 넘었으니 다시 구직을 해야 한다는 조급함이 턱 끝까지 차오르지만, 여전히 기획하고 글 쓰는 일로 바쁩니다. 편않에서든 아니든, 때로는 기획을 하고, 때로는 글을 쓰고, 대부분은 둘 다 하며 지냅니다.

선배 세대는 삶에서 뭔가를 이루고 증명하고 남겨야 했다지만, 저로서는 삶 외에 이룰 것도 증명할 것도 남길 것도 없습니다. 혹시 있다면 조각난 꿈, 흐릿한 비전, 모호한 기대감뿐, 그마저도 제게는 달성해야 할 골인 지점이 아닙니다. 다만 늘 즐기고 누릴 수 있는 콘텐츠 같은 것입니다. 세상은 불완전하고, 그 덕분에 고민하며 음미할 거리가 생기기 마련이지요.

그저 책도, 책 만드는 일도 조금은 더 재미있는 세상을 만들 수 있으면 좋겠습니다. 어쩌면, 진짜 어쩌면 잘 풀릴지도 모릅니다. 그러면 또 여러분께 이야기해 드릴게요.

　　제형께 가장 반가운 마음으로 문안 인사 올립니다. 여전히 별래 무양하신지요? 전해 주신 말씀을 붙들고 삼가 생각해 보건대, 어느 연구자의 통찰력에 의하면, 말할 수 없는 것은 보여져야 합니다. 그 뜻을 미처 완전하게 이해하지는 못하지만, 모리 오가이와 같은 위대한 작가들이 자신을 표현하는 통로로 픽션을 선택한 이유가 바로 그 원리에 숨어 있다는 것입니다.[1] 이를 달리 말하자면 자기 자신이라는 것은 곧장 말할 수 없는 제재라는 것인데, 제가 지금 느끼는 바도 이와 크게 다르지 않습니다. 일기도 쓰지 않는 사람이 지난 몇 년간 편않이라는 공동체와의 사귐을 이야기해야 하니까 말입니다. 따라서 제 편의대로 하자면 지난날과 같이 하나의 픽션을 쓰거나, 또는 고사를 할 일이지만, 여기서는 그렇게 할 수가 없습니다. 우리 공동체의 구성원이 모두 밤을 태워 애를 쓰고 있으니 함께 수레를 밀어야 할 일입니다. 그러니 이제 마땅히 밝혀야 할 의문에 답을 하고 이야기할 것들을 말하도록 하겠습니다. 하지만 감사하게도 읽어 주시는 분께서는 자신이라는 제재가 직접적으론 불가능하다는 앞선 이야기를 기억해 주셨으면 합니다. 거꾸로 생각해 보자면, 제 자신이 표현된 글은 어느 정도는 픽션이라는 것입니다.

1. 전정은(2019.10.30), "《말해질 수 없는 것은 보여져야 한다》:
　　모리 오가이(森鷗外)의 '소설'에 관하여", 「문학과 의학」, vol.14,
　　pp.128~154.

우선 편앉이 시작된 2017년 6월 이전 즈음 제가 무엇을 했나 떠올려 보겠습니다. 만약 어떤 이유가 있어 제삼자나 기관이 이때의 제 행적을 확인해야 한다면, 가장 간단하고 공식적인 방법은 건강보험자격득실확인서가 될 것입니다. 국민건강보험공단에서 인터넷으로 받을 수 있는 이 훌륭한 문서에는 명칭 그대로 해당인이 건강보험의 자격을 취득하고 상실한 이력이 순서대로 나타나 있습니다. 그 덕에 어떤 일터에서 직장가입자가 되었는지 알 수 있는 것입니다. 이 서류는 굉장한 효력을 가지고 있어서, 계좌가 급여통장이라는 것을 증명하고 은행에서 한도제한계좌의 이용 한도를 해제하는 데에도 사용할 수 있습니다. 바로 이 문서의 '자격취득일' 열과 '자격상실일' 열을 참고해 보면, 당시 저는 막 새로운 직장인 언론사에서 새로운 직업인 기자를 시작한 참이었습니다. 그것이 바로 6월의 일이었고, 그 전에 저는 공항의 지상조업 회사에서 짧게 일했습니다. 지상조업이란 비행기가 하늘로 가기 위해, 또는 하늘에서 오는 비행기를 맞기 위해 땅에서 준비를 하는 일입니다. 즉 터그카에 달리를 달고 짐을 부리는 등의 일이지요.. 그리고 그 이전에는 대학원에서 문학을 배웠습니다. 학부에서도 문학을 배웠으니만큼, 2017년 6월은 제가 글 주변으로 복귀한 시점이라고 해도 괜찮을 것입니다. 물론 생산 수단으로 글을 다룬 것은 그때가 처음이라고 할 수 있겠습니다.

그리고 문서의 이력은 그 뒤로도 단락적으로 이어져서, 지역가입자로, 그리고 다시 직장가입자로 자격을 바꾸었습니다. 여기에서 우리 가상의 조사자는, 개인 뉴스 매체를 운영하고 또 번역회사에 들어간 제 행적을 알아낼 수 있을 것입니다. 직장과 직업이 단락적으로 바뀌는 동안, 저의 편않 활동 역시 끊임이 있었습니다. 0호와 1호에 참여한 후 긴 휴지기를 거쳐, 다시 6호부터 참여하였기 때문입니다. 참여한 0호, 1호, 6호에 저는 픽션 한 편("나민 살라실")과 두 편의 번역(F. 스콧 피츠제럴드의 "잃어버린 10년", 제시 프랭클린 본의 "팬데믹 1")을 실었고, 참여하지 않았던 4호에도 투고를 통해 픽션 한 편("엘갈에 의한 구멍")을 보였습니다.

나열을 하고 보니, 어지간히도 이 주변을 서성거렸다는 생각이 듭니다. 무엇의 주변인가 하니, 편않의 주변이고 글의 주변입니다. 자기를 부양하고 무엇인가 발견하기 위해 그동안 글의 주변을, 할 말을 곧바로 하지 못하는 사람과 같이 맴돌았던 것입니다.

다만, 오히려 좀 더 생각을 해 보면, 글 주변을 서성거리는 제게 말을 붙여 준 것이 편않이라고 해야 할 것 같습니다. 훌륭한 편집은 물론 아름다운 디자인과 함께 네 편의 글(다음 호에 싣게 될 "팬데믹 2"를 포함하면 총 다섯 편이 됩니다)을 머리 밖으로 꺼내도록 도운 것이니, 어려운 사람의 방을 노크하지 못해 복도에서 시간을 끄는 사람을 문 앞에서 만나 아는 척을 해주고, 대신 문고리를 열고, 그 어려운 사람에게 인사까지 한꺼번에 대신해 준 셈이라고 할 수 있겠습니다. 그러니 그 기세에 얹혀 주춤주춤 모자를 벗고 목례를 건네는 저야말로 편않의 가장 큰 수혜자이자 본보기입니다. 좀 더 많은 사람들이 이런 식으로 얼렁뚱땅 인사를 했으면 좋겠다고 생각할 정도이니, 감히 편않 '정신'의 증인이라고 해도 과언은 아닐 것입니다. 상궤를 쉽게 벗어나는 글을 쓰는 저를 편집하지 않고 환영해 주신 곳이 편않이니까 말입니다.

물론 그 '정신'이 무엇인가에 대해서는 모든 구성원들이 다른 생각을 가지고 있으시리라 짐작합니다. 이 책의 3부에 실린 글들이 얼마나 서로 이질적인지는 놀라울 정도겠지요. 형식이나 문체의 상이함은 당연하고 같은 모임에 대한 이야기가 맞나 싶을 정도일 것입니다. 개인적, 선언적, 소망, 탈력, 고백, 독백, 딴소리 등 제각기 다른 목소리들을 찾을 수 있으리라 상상이 됩니다.

하지만 지금도 제가 편않 활동을 할 수 있는 것은 그 차이의 존재 덕분입니다. 우선 저는 다른 구성원들에 비해 편않 합류 시점이 늦습니다. 미국으로 빗대어 말하자면, 13개 식민지가 독립을 선언한 이후에 연방에 14번째로 가입한 버몬트 주 같은 처지입니다. 게다가 처음부터 지금까지 중단 없이 참여한 것도 아니라 들락날락하기도 했습니다.

무엇보다, 지는 편집자로 일하기는커녕 출판 시장에 발을 들인 적도 없습니다. 그러나 보니 책의 편집이나 제작(도비라, 2도, 오프셋……)에 대한 이야기를 할 때에는 다른 분들께는 죄송하게도 트랜스 상태에 빠져드는 경우가 많이 있습니다. 그리고 특히 출판계나 출판 시장을 바라보는 관점, 그리고 그 주제와 자신의 관계 설정도 전·현직 편집자분들과는 다소간 다르다고 할 수밖에 없습니다.

그런 이질적인 저를 별다른 질문 없이 (두 번이나) 받아 준 편않도 참으로 놀랍고 별난 사람들이라고 해야겠습니다. 생존에 부수되는 온갖 일과 생활에 지치면서도 잡지를 7권이나 찍는 데에 성공한 것만 봐도 평범하지는 않은 것만큼은 분명합니다. 까맣게 모르던 합스부르크 가문의 재종백숙모가 자신을 작위와 성채와 미술품의 유일한 상속인으로 지정하고 코로나19를 피해 노환으로 타계하신다면 편앓 활동에도 보탬을 하겠다는 좋은 생각을 다들 하고 있겠지만요.

공통 질문에 대한 답을 또 하나 하자면, 지금처럼 편앓 활동을 하고 있지 않았더라도, 역시 저로선 글 주변을 더듬고 있었으리라 생각합니다. 모종의 글을 쓰고 계획했을 것 같습니다. 지금도 개인적으로 번역하는 글이 있고 구상하는 아이디어가 있으니까요. 그리고 2021년 6월 이후로도 저는 글 주변을 산보하고 있을 것입니다. 없는 것을 있게, 있는 것을 드러나게, 드러난 것은 없게 하려는 어떤 열망을 가지고 그러할 것입니다.

제형께서 언제 어떻게 이 글을 읽으실지는 모르겠지만, 지금 제가 이 부분을 쓰는 것은 어느 금요일 밤입니다. 길지 않지만 며칠을 나눠 쓴 글을 마침내 마무리할 작정으로, 야회를 즐기는 로마인처럼 반쯤 누워 노트북이라는 충실한 노예에게 구술을 하고 있습니다. 오늘 안에 끝내지를 못한다면, "지금 지하철이야, ~역 지났어, 운운"하고 메시지를 썼다가 목적지에 내려서야 전송할 때처럼 어딘가 진실하지 못한 기분이 되겠지요. 그래도 아직 명시한 금요일이 남았으니, 마지막 하나의 질문에 충실히 답을 할 수 있을 것 같습니다. 즉 지금(금요일 밤) 무엇을 누구와 먹고 싶으냐는 것입니다. 저는 제 제일(第一)의 독자와 함께 망고 빙수를 먹고 싶습니다. 망고 빙수란 이름만 들어서는 무척 무해한 음식처럼 들리지만 사실 굉장히 위험한, 모험적 요소로 가득한 먹을거리라고 할 수 있습니다. 우선 차기 때문에 속이 좋지 않아질 가능성도 있습니다. 워털루 전투의 나폴레옹을 미루어 보면 탈이 난 위장[2]이 엄청난 결과를 만들어 낼 수도 있는 것입니다. 게다가 미끄러운 망고와 슬슬 녹아 가는 소복한 얼음산을 합친 것이고 보니, 망고 빙수라는 것은 사실 도화선의 길이를 모르는 수류탄, 눈사태를 벼르는 산봉우리나 다름없습니다. 바로 이런 진가를 잘 알고 있는 그와 함께 모험을 할 수 있다면 참 기쁠 것입니다. 제형께서도 오늘 드시고 싶은 것을, 드시고 싶은 방식으로 즐기셨으면 하고 바랍니다.

2. FRIEDMAN, P.(n.d.). "Another Napoleonic Mystery: Napoleon's Death". Fondation Napoléon. Retrieved May 26, 2021, from https://www.napoleon.org/en/history-of-the-two-empires/articles/another-napoleonic-mystery-napoleons-death.

초고, 처음(들)을 돌아보며

한 번도 제대로 되어 본 적은 없다─────────

편집자 같은 게 되고 싶었을 리 없다, 잘 몰랐으니까. 책을 만들고 싶다는 생각 따위도 해 본 적 없다, 팔고 싶다는 생각은 더더군다나. 그냥 읽었고, 막연히 썼다. 오래전부터. 돌이켜 보니 그냥, 막연히였다.

그래서였겠지. 몸 좋은 시인이 되고 싶다면서 운동만 하고(시는 안 쓰면서), 시 쓰는 기자가 되고 싶다더니 취한 채 섬으로 도망가 버리고(둘 다 포기는 못하겠고), 엎어진 김에 뭐라도 줍자며 들어간 대학원에서는 훗날 지방대 교수의 [불인정] 소논문 재료가 될 글이나 쓰고(라면받침의 업사이클링?), 들끓는 가래와 쉰 소리를 참다못해 어르신 글들을 그만 보기로 작정한 것은(초봉 1,440 주제에). 그러니 다시 사원이 되어 시작한 기업 홍보 일도 언제든 그만둘 수 있는 것이지(늙은 사주의 노욕이란, 참). 거기다 독립영화, 웹툰 등등에 대한 도전은……(나도, 참).

그렇다, 한 번도 제대로 되어 본 적은 없다. 그러나, 늘 제대로 되기를 꿈꾼다.

비어 있는 공동체(空洞體)

출판공동체 편않은 몇몇 인간관계와 학교 정도를 제하고 가장 오래 함께하고 있는 곳이다. 어디엔가 소속되는 게 좀 힘들었던 것 같은데(누군들 쉽겠으나), 편않은 왜/어떻게 이리 오래 하고 있는 것일까(4년이면 충분히 긴 게 맞겠지……).

그건 아마도 내가 편않이 텅 비어 있기를 바라기 때문일 텐데, 이는 곧 편않 구성원들끼리 공유하는 바가 크지 않기를 바란다는 뜻이고, 그래서 편않 비구성원(편의상 쓰는 표현이다)과도 언제든지 함께할 수 있기를 바란다는 말이다(그리고 이 바람은 어느 정도 실현되었던 것 같다, 아직까지는). 한동안 '열린 편집회의'를 꾸준히 열었고, 잡지 판권면에 제자 사항 등을 최대한 직시하는 등 편집/운영 외에 많은 부분에서 '개방성'을 적용하러 했던 것은 그런 노력의 일환이다.

물론 부족할 것이다. 열린 편집회의가 열린다고 아무리 외쳐도 오는 분들은 극소수였고, 판권면이야 어차피 보는 사람만 보는 것이다. 하지만 변명일지 모르겠으나, 그리고 어쩌면 내 나름의 '행복 회로'일 것 같은데, 그러한 부족함이야말로 다른 분들이 언제든 틈입할 수 있는 여지라고 생각한다. 그 여지가 사리짐을 우리는 항상 경계할 것이다. 여러분께서도 언제든 주의 주시기를 당부드린다.

무가지에 대한 억지 ────────────

내가 좀 억지를 부렸던 것 같다. 잡지 「편집자는 편집을 하지 않는다」(이하 「편않」)는 2018년 1월 발행된 0호(창간 준비호)부터 지난 3월 발행된 6호까지 모두 무가지([무까지])로 나왔다. 매호 백여 페이지의 책을 수백 부 발행해 왔으니, 거기다 3호부터는 조금씩이나마(아주아주 조금이라 정말정말 죄송한 마음뿐입니다) 고료를 책정해 왔으니, 그동안 틈틈이 '무엇을 위한 무가지인가'라는 물음이 떠오르지 않은 것은 아니다. 도대체 나는 왜 그런 고집을 부렸을까.

돌이켜 보건대 나를 제외한 다른 사람들은 무가지라는 후보를 염두에 두지는 않았던 것 같다. 처음 잡지를 만들기로 했을 때 잡지 가격에 대한 의견이 분분했던 것으로 기억한다. 마치 잡지는 으레 가격을 지녀야 한다는 듯이. 그리고 나는 또 으레 그러하듯이 논의를 원점으로 되돌렸다……. '얼마'를 논의하기보다는 아예 책정하지 말자는 의견을 제시한 것. 결국 내 안건을 투표에 부쳤고, '유가지 vs. 무가지' 양자 대결은 비등비등하였으나, 한두 차례 추가적인 토론을 통해 무가지로 정해져 지금까지 이어지고 있다.

그때 나는 글을 쓰는 사람이든, 책을 만드는 사람이든, 그리고 책을 파는 사람이든, 어차피 돈은 벌기 어렵다고 봤다(지금도 마찬가지고, 앞으로도?). 괜히 그것 때문에 스트레스 받기 싫었고, 오히려 '무가지'라는 점이 더 많은 마주침의 기회가 될 거라고 기대했다. 더 이상적이고 더 허황되게는, 공기처럼(너무 낡은 표현이고, 맑은 공기는 이제 희귀하다) 당연한 자본주의 시스템에 자그마한 균열이라도 내고자 했다. 실제로 입고할 때 서점으로부터, 그리고 여러 독자로부터 '이 정도 두께와 이 정도 퀄리티인데 무가지라고요?'라는 반응을 종종 받아 왔다. 나는 바로 이러한 의아함에서 자연스럽게 시스템에 대한 질문이 시작되기를 바랐던 것이다.

그러나 시스템은 견고하고, 나는 흔들리고 있다. '가격'이 '가치'와 같은 말이 아니라는 것은 잘 알겠는데, 가격을 버림으로써 얻는 가치란 과연 무엇인지…….

어쨌든, 잡지 「편않」의 책값은 없습니다(당분간?). 앞으로도 계속 고민하며 잘 만들어 보겠습니다.

지원과 자비

모든 것에는 비용이 따른다. 분명 그렇다. 우리는 우리가 선택한 것뿐 아니라, 선택함으로써 선택하지 않은/못한 것에 대한 비용(기회비용)까지도 치러야 한다. 당연히 지속에도 비용이 따르는데, 출판공동체 편않은 그동안 어떻게 버티어 왔나.

좌충우돌의 첫해를 잘 넘길 수 있었던 것은 편않의 출판 프로젝트가 마포디자인·출판지원센터(현 whatreallymatters)의 지원을 받은 덕분이 크다. "기획이 우수하지만 구현할 초기 자본이 부족한 디자인·출판 관련 프로젝트를 지원"하는 '2017 마포디자인·출판지원센터 우수콘텐츠 지원사업'에 덜컥 선정된 것이다. 돈을 받는다는 것만으로도 기쁜 일인데, 돈을 줘도 되겠다고 인정받는다는 것은 더더욱 기쁜 일이다. 우리는 당시 심사위원단에게 다음과 같은 심사평을 받았다.

"실제로 편집자들의 말을 담아낼 수 있는 잡지나 소통 매체가 거의 없는 상황이기에 유의미한 시도로 보입니다. 그간에 없었던 새로운 시도라는 점에서 좋은 평가를 드리며 젊은 출판 편집자들의 새로운 시각을 보여 줄 수 있는 매체가 되기를 바랍니다."

지금 다시 읽어 보니 그때는 느끼지 못했던 모종의 죄책감마저 든다. 3년 반 전의 그 '유의미한 시도'는 여전히 유의미한가, 우리는 그동안 '젊은 출판 편집자들의 새로운 시각'을 보여 주었는가(언제 한 번 젊긴 했던가……) 등등의 후회와 반성이 뒤따르는 것이다. 출항을 축하하고 응원하는 말이었겠지만, 시간이 흐를수록 그런 말이 더 무겁고 무섭다. 되새기며 경계할 일이다.

어쨌든 당시의 마음과 각오는 공유할 만한 가치가 조금쯤 있는 듯하여, 지원사업 제안서 중 일부를 여기 옮긴다.

2. 기획 의도
출판공동체 편않은 출판 프로젝트의 일환으로 잡지를 창간합니다. 제호는 누구도 누구를 함부로 편집하지 않기를 바라는 염원을 담아 「편집자는 편집을 하지 않는다」(「편않」)로 정했습니다. 잡지 창간의 세부 목표는 다음과 같습니다.

■ 기존 출판계의 권위적·퇴행적 관행에 지속적으로 의문을 던집니다

출판계는 늘 불황이라며 울상이지만, 조금만 들여다보면 출판계 스스로가 불행을 자초했을 것이라는 혐의를 지울 수 없습니다. 시시각각 기술과 사상은 변화하는데, 기성 출판사는 새로운 흐름을 외면하거나 뒤쫓기 바쁩니다. 게다가 출판계에 만연한 저임금·장시간 노동, 잦은 이직과 외주화, 사주의 횡포와 가족 경영 등의 악습은 도무지 개선될 줄을 모릅니다. 이에 반발하여 독립출판·독립서점 등이 유행처럼 번지고 있지만, 자칫 자기들만의 리그로 전락하지 않을까 우려스럽습니다. 출판공동체 편않은 기성의 폐습에 물들지 않고 새로운 흐름에도 뒤처지지 않도록 잡지 및 잡지 제작 과정을 통해 건전하고 지속 가능한 조직 모델을 모색하겠습니다.

■ 실무 출판인을 위한 커뮤니티를 형성합니다

출판계는 이직이 잦으면서도 정작 출판사 정보는 풍문으로만 떠돌 뿐입니다. 힙징과 파주를 오가는 2200번 버스는 동종업계 종사자들로 그득한데도 각각은 외로운 섬이며, 출판계 대표 온라인 커뮤니티 '북에디터'(www.bookeditor.org)에 새로 올라오는 게시물들은 구인·구직 공고문이거나 이에 대한 비난성 댓글이 주를 이룹니다. 출판공동체 편않은 출판노동자들이 서로 친목을 다지고 정보를 교류함은 물론 사회적 운동을 위한 연대를 누릴 수 있도록 온·오프라인 공간을 창출하겠습니다. 이를 위해 폭넓게

원고를 구하여 다양한 목소리를 전하고, 잡지와 연계된 세미나, 강연 등을 기획할 예정입니다.

■ 새로운 출판을 함께 고민합니다

실무 출판인이 아니더라도 누구나 자기 목소리를 낼 수 있는 기회를 꾸준히 모색하겠습니다. 독자들이 온·오프라인을 통한 의견 제시에 그치는 것뿐 아니라 원한다면 잡지 제작에 직접적으로 참여할 수 있는 기회를 마련하겠습니다. 직접 콘텐츠(소설, 대본, 에세이, 만화 등 장르 불문)를 제작해도 좋고 편집·디자인을 담당해도 좋습니다. 지금 구성원들 역시 서로 협의하여 0호를 제작 중입니다. 등단하지 않은/못한 작가들이 마음껏 글을 쓰고, 편집자와 디자이너가 아닌 구성원도 어떤 과정에든 의견을 낼 수 있습니다. 이러한 방식을 통해 실상 우리에게 간절한 것은 '결과로서의 좋은 책'이 아니라 '과정으로서의 좋은 출판'임을 드러내겠습니다.

첫 시도에 첫 성공. 쾌조의 출발이라 앞으로는 수월하겠지 내심 기대하게 되었는데, 역시나 세상일은 여의치 않았다. 그 뒤로도 두어 차례 다른 지원 사업에 도전했고, 실패했다. 결국 우리는 3년째 갹출하여 편않을 운영하고 있다.

반년간지로 무가지를 발행하고, 틈틈이 수익성 없는 행사와 이벤트를 진행하면 당연히 돈이 든다. 그것도 생각보다 많이 든다. 수익이 목표가 아니게 되다 보니(표현이 좀 이상한데, 목표 설정은 지금도 많이 혼란스럽다) 일하면서 '자원봉사하는 건가' 하는 자조(自嘲)가 자주 이는 것도 사실이다.

그러나 이제는 다르다. 달라야만 한다. 출판사까지 만들어 버렸으니까. 우리가 중요시하는 가치(그게 무엇이든 좌우지간)를 지속적으로 만들어 내기 위해서라도, 가격을 활용해야 할 때가 왔다.

왜 말고 어떻게

어릴 적 과학자를 꿈꿨던 나는(진짜 그만 좀 해라) 모든 현상과 사안에 대해 '왜'라는 의문을 품어 왔다. 이건 왜 이럴까, 저건 또 왜 저럴까, 라고 파고 파다 보면…… 답은 나오지 않았다. 답 없는 질문만 계속 던지다 속절없는 시간만 흐른 이 허탈감.

언제부턴가, 도저히 이해할 수 없는 일들과 사람들을 수없이 맞닥뜨리게 되면서 나는 '왜' 대신 '어떻게'를 찾는다. '저 인간은 대체 왜 저럴까'가 아니라 '저 인간은 대체 어떻게 저럴까'로 질문을 바꾸면, 사실 거기서 거기다. 그럼 이렇게 물어보자. 저 인간한테 나는 어떻게 해야 하나? 이제야 해결책이 좀 보이는 것 같다.

앞으로는 일과 돈에 대해서도 이렇게 생각해 보려 한다. 일을 왜 해야 하는가(일은 왜 있는가), 돈을 왜 벌어야 하는가(화폐는 왜 존재하는가)라는 화두를 고찰(거창하긴 하지만)하느라 너무 많은 세월을 보냈다(조금 과장해서 어언 40년……). 이제 일을 '어떻게' 해서, 돈을 '어떻게' 벌까에 집중해 보려 한다. 그게 (일단) 내가 살고, (차후) 내 주변이 사는 길인 것 같다.

우선 편앓이시는 단행본을 많이 만들어 많이 팔 것이다. 단행본은 '당연히' 유가([유:까])이며, 이 글이 실린 이 책은 첫 단행본이다(이 글을 보신 분은 이미 이 책을 사셨을 확률이 크지만, 그래도 많이 팔리게 도와주십시오). 책만 팔아서 큰돈을 벌기는 어려울 테니, 재밌고 유익한 행사를 많이 개최할 것이다(아아, 독립비평 세미나여…… '평파'여…… 대담들이여…… 그 많던 '내돈내연' 행사들이여……).

그런데 나는 그것들을 어떻게 또 어떻게 진행해야 하나, 나는 또 어떡해…….

웅크린 자들의 공동체, 오도카니 ——————————*

시인, 기자, 학자, 편집자, 홍보 담당자(그리고 과학자와 영화인, 개그맨과 만화가, 복서와 무도인 등등. 진짜 그만 좀 하라고)……. 그 모두는 역시 나의 길이 아니었을까?

그런 것 같다. 그리고,

이제 상관없다. 지금 하고 싶은 일을, 그리고 지금 할 수 있는 일을 어떻게든 나는 하겠다.

이 글이 실린 이 책이 나올 때 즈음, 아마 나는 어떤 공간을 '정식' 오픈했을 것이다(사실 이 책에 실린 이 글을 쓰고 있는 지금도 이미 그 공간은 '가오픈'되었으며, 나는 그 공간에서 이 글을 쓰고 있다).

　그 공간에서 한 번도 제대로 되어 본 적 없는 나는 제대로 웅크린 채, 당신들을 기다린다. 기다리며 다가간다. 자기가 자기인 채로 웅크려 있는 당신들에게.

　공간이 생기니, 시간이 생긴다.
이 공간에서, 많은 이들의 시간이 생기기를 바란다.

　이것은 물론, 편앟과도 관련 있는 이야기이다.

* 앞선 활자들도 뒤설 활자들도 결국 내 주관적인 이야기일 뿐 편앟 전체를 대변할 수 없을 테지만, 이 꼭지는 특히나 개인적임을 밝힌다.

단상들

흥미로운 이야깃거리,

약간의 안주,

소주 빨간 거,

시끄러운 수다,

취기와 주정, 그리고 숙취,

와인 한 병과 노트북,

고전 몇 권,

지속 가능한 꿈을 꾸는,

연결하고 확장하는,

비관적, 비판적, 그래도 희망적,

실험하고 도전하는,

이어지는 기회,

의외의 끈기,

정체성을 찾아가는,

정의하지 않는,

정의되지 않는,

화가 많은, 그래서 할 수 있는,

복잡하게 생각하고, 단순하게 행동하는,

취향이 있는,

제멋이 있는,

호, 또는 불호,

의심하고, 질문하고, 경계하는,

기꺼이 하는,

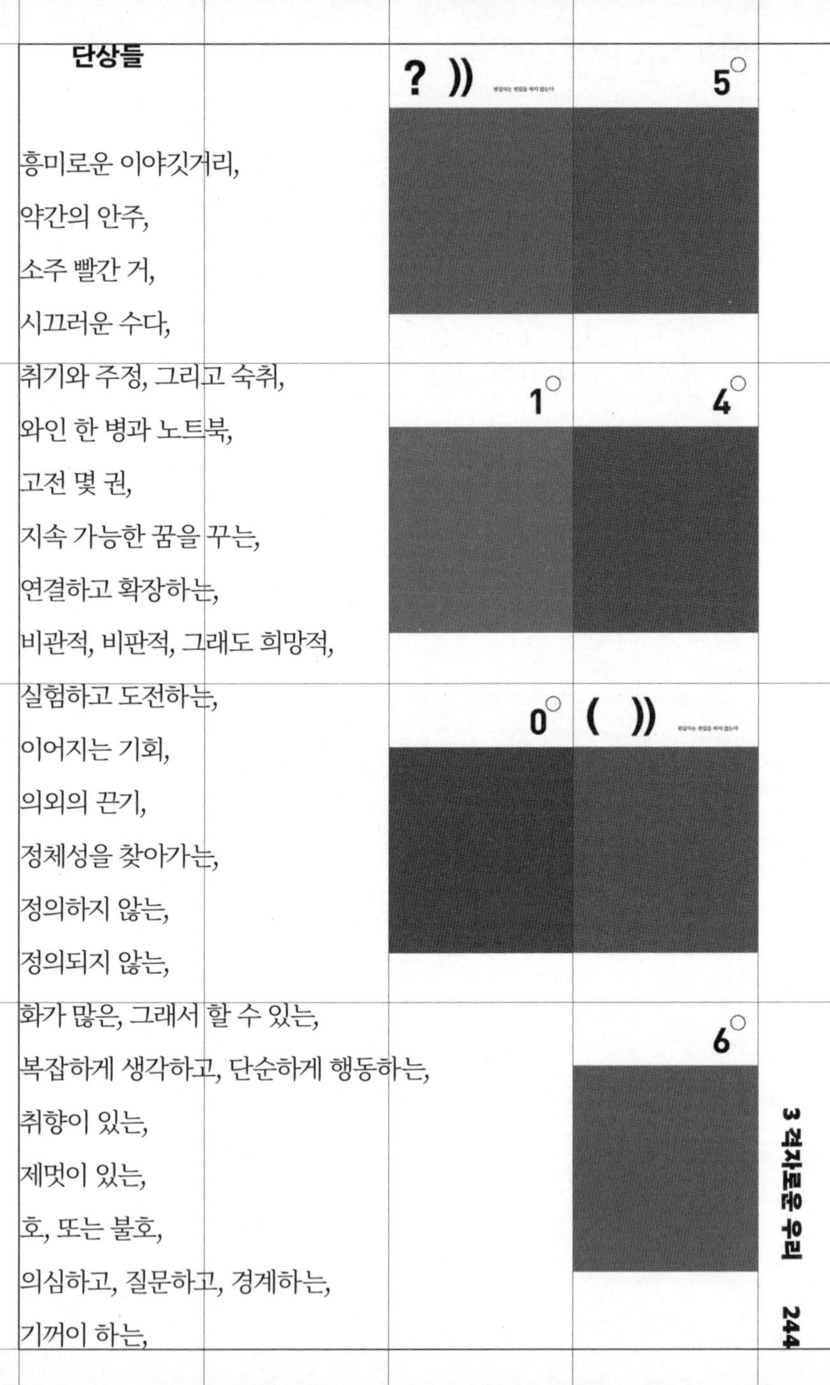

진지하고 진심인,

노동하고 출판하는,

편앓한, 또는 편앓하지 않은,

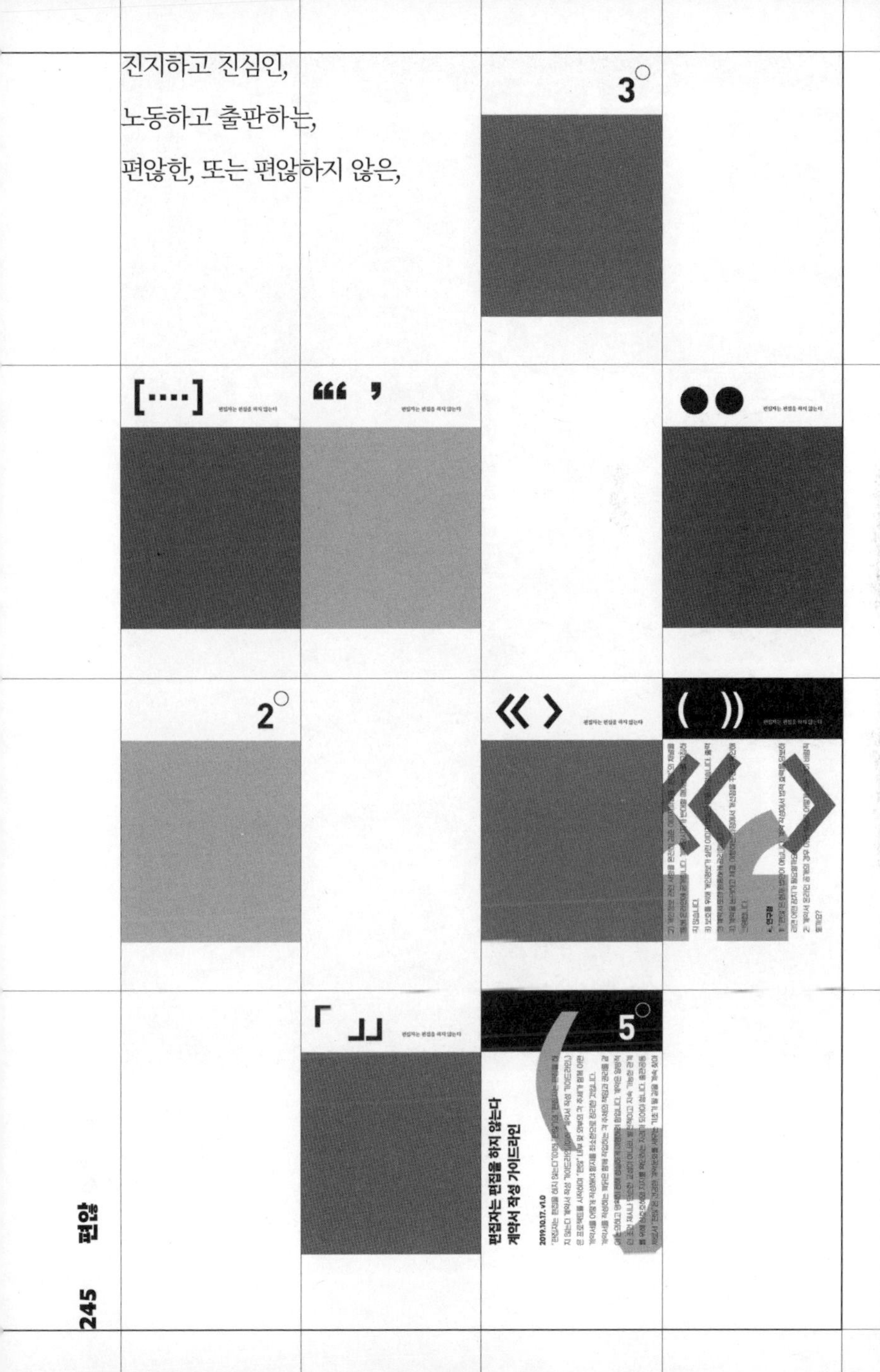

편 않 한 출 판 이야기
앉 판
한 이
출 판 이야
판 이 기
이
야
기
우리에게 책은 왜 특별할까?
날짜_11월 2일 토요일 17시 30분
장소_책방연희
참가비_10,000원
준비물_랜덤 책 나눔을 위한 책 한 권(참가자 모두가 책을 한 권씩 가져와 무작위로 돌려 갖습니다.)
참가 신청_메일(editors.dont.edit@gmail.com) 또는 인스타그램(editors_dont_edit)

대담_비평을 둘러싼 입장들

'비평의 위기' 속에서도 새로운 매체들은 나타난다.
어떤 ... 다른 대상을 잡아서,
... 다른 형태로
책에 대해 어떻게는 말하기를
... 멈추지 ...
이 만드는 사람들의 이야기를 듣다 보면,
... 있는지,
... 하는지,
... 생각을
그리고 어쩌면 또 다른 질문이 생겨날지도.

〈크릿터〉 서효인 편집자
〈텍스트릿〉 이지용 평론가
〈오글리〉 김의환 제작자

진행 〈편집〉 지다율 편집자
일시 2019년 5월 19일 일요일 오후 3−6시
장소 책빙연희(서울특별시 마포구 와우산로36길 3 B1F)
참가비 1만 5천 원
인원 20명
참가 신청 인스타(@editors_dont_edit) 또는
트위터(@editorsdontedit)로 참가 의사 알려 주시면
입금 정보 안내해 드리겠습니다.

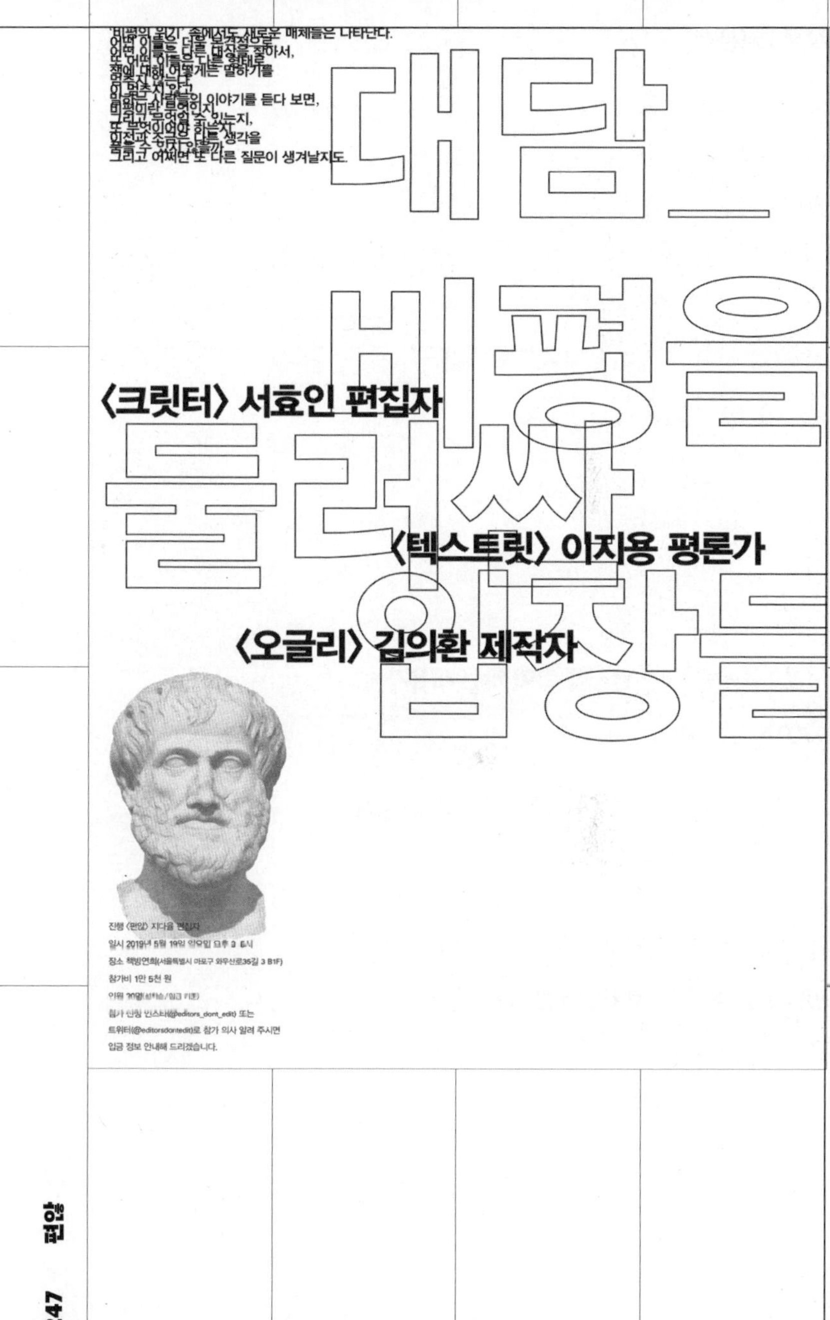

발문	편않 3호 서문 (2019. 07. 01)	올바로 질문하는 법을 묻다		
	편않 4호 서문 (2020. 03. 01)	우리, 시작합시다, 변함없이		
	편않 5호 서문 (2020. 09. 01)	사람은 책을 만들고, 책은 사람이 만듭니다		
249	편않 6호 서문 (2021. 03. 01)	출판을 알고 싶으면, 때때로 출판을 떠나야 한다		

이렇게 시작되었다

　그러나 어쨌든 잡지의 서문이라고 하면 결국 왜 하필 잡지씩이나 창간하지 않으면 안 되었는가 하는 질문에 적절한 답을 제공해야 할 것이다. 그런데 그 역시 사람이 제각기 모인 것이니, 욕망과 소원하는 바도 제각각이다. 꿈을 실현하기 위한 방법으로 잡지를 찾은 사람도 있는가 하면, 출판사를 다니며 찍은 책이 '노잼'이라서 홧김에, 혹은 심신건강과 이고득락에 좀 도움을 줘볼까 발을 들인 사람도 있다. 어쩌면 왜 만들어야 하는가가 아니라 왜 만들지 않아야 하는가를 물어야 하는지도 모를 일이다.

　그렇지만 욕망은 제각각이로되, 이 바람을 아우르는 틀이 하나 있다면 문자, 텍스트, 내러티브, 이야기, 책에 대한 애정이다. 그리고 바로 그 사랑하는 책을 통해 각자의 소망을 추적하는 공동체를 만든다는 것, 만들자는 것이 이 잡지를 꾸미게 된 이유라고 할 수 있겠다. 우리는 짧은 혀로나마 우리를 바꾸고, 출판을 바꾸고, 더 즐거운 독서를 꿈꿀 수 있는 세상을 그리고자 마음을 모았다.

　첫 주제는 '편집'으로 정했다. 끝나지 않는 편집과 교정지와 페이지 사이에 가만히 숨어 있(어야 했)던 이야기를 꺼내기로 했다. 편집에 관해 각자 하고 싶은 이야기를 세 달에 걸쳐 고민하고 만들고 다듬었다. 여러 사람을 만나고 꼬시고 서로 이야기를 나누고 가끔은 술을 마셨다. 출판 프로젝트를 시작하면서 무작정 녹음한 회의 녹취파일이 꼬박 사흘 분량이다.

이야기들을 모아 구성하기는 쉽지 않았다. 한동안 고민하던 우리는 '편집'을 드러내기로 했다. 난수생성기로 각자 숫자를 뽑고, 오름차순으로 정렬해 차례를 정했다. 각자의 글이 느슨하게 묶였을 때, 글과 글이 서로 거칠게 연결될 때, 편집하지 않는 편집을 마주할 것이라고 믿는다. 그 결과 탄생한 「편않」의 어절 사이사이에는 각자 조금씩 모은 돈이, 틈틈이 쪼갰던 시간이, 간이 프로젝터 핀을 맞출 때의 분노가, 그리고 떨림이 있다. nn개월 동안 배우고 닦았던 편집은, 결국 '편않'이 되었다.

이번 호는 0호, 창간 준비호이다. 미숙한 솜씨에 겸연쩍은 것도 사실이지만, 짐짓 엄숙하게 선언하듯 말해 보자면, 우리는 항상 창간하는 것처럼 매 순간을 준비할 생각이다. 그리하여 매 호가 매번 새롭게 탄생하고 출발할 것이다. 우리가 새로운 사람을 모으고, 그들 덕에 또 우리가 새로워지고. 그렇게 매번 다르게 형성되는 출판공동체였으면 좋겠다.

물론 우리의 활동이 '출판'에만 국한되지는 않을 것이다. 세미나를 열어 지식과 정보를 나누고, 저자와 강사를 발견하겠다. 새로운 수익 모델을 만들어 회사 다니기 싫은 사람들이 정말 회사 안 다녀도 되게 만들겠다. 꿈 같은 이야기일까? 우리도 그렇게 생각한다. 하지만 어쨌든 해볼 생각이다.

다시 한 번 말씀 드리지만 이번 호는 0호, 창간 준비호이다. 창간호를 함께 준비할 당신을 기다린다. 당신이 누구든, 우리는 당신을 편집하지 않을 것이다.

편집을 하지 않는 이유

편집자 A는 더 이상 편집을 하고 싶지 않습니다. 어차피 여기서는 A가 원하는 책을 만들 수 없습니다. 오늘 입고된 신간 표지에는 급박한 일정 속에서 얼굴 한 번 못 본 저자의 이름이 찍혀 있었습니다. 원고가 책이 되기까지 모든 순간이 A의 일이었지만, 만든 책 어디에도 A는 없었습니다. 지친 눈의 선배들은 사명감으로 일해라, 책에 애정을 가져라 하고 말했지만, 그건 자신이 만들 책이 좋은 책이라는 믿음이 있을 때만 가능한 것이었습니다.

마케터 B는 무의미한 노력에 지쳤습니다. 결국 가장 구석진 서가에 꽂힌 신간을 보며 한숨만 지었습니다. 서점 담당자를 설득하려면, 입에 발린 말이 아니라 독자가 원하는 책을 기획해야 한다는 걸 B는 누구보다도 잘 알고 있습니다. 처참한 매출현황표 어디에도 B가 흘린 땀은 보이지 않습니다. 사장님의 취향에만 맞는 책을 팔며 회의감에 젖는 건 이제 그만두고 싶습니다. 반품과 신간이 뒤섞여 어지러운 물류창고에서 잔업을 하다 보니 벌써 저녁입니다. 오늘도 막차를 각오해야 할 것 같습니다.

디자이너 C는 책을 망치는 참견들이 지긋지긋했습니다. 이 디자인은 당신을 만족시키기 위한 게 아니라 독자들을 위한 거예요, 라는 말이 매일 목구멍까지 올라왔다 내려갑니다. 건설적인 피드백을 받고 싶다는 바람은 오래전에 접었습니다. 작업시간이 길어질수록 어수룩해지는 책의 몰골을 보며, 신간 간기면에 자신의 이름이 빠져 있어 차라리 다행이라고 C는 생각했습니다. 그들이 원하는 것은 디자이너가 아니라, 낡은 취향을 기계처럼 그려 줄 도구였습니다.

작가 D는 그저 글에 집중하고 싶습니다. 출판사에서는 말끝마다 트렌드가 어떻고, 팔리려면 어떻고 하는 이야기뿐이었습니다. 글에 대한 이야기를 한마디라도 해줬다면, 저자 할인가로 드리니 많이 좀 사달라고 했을 때 조금은 긍정적으로 생각했을 겁니다. 책을 낼 때마다 표지에 붙은 자신의 이름이 낯설게 느껴집니다. 이번 신간도 마치 D의 책이 아닌 것만 같습니다. 독립출판도 자비출판업체도 생각을 안 해본 것은 아니지만, 그럴 시간에 글을 더 쓰고 싶다는 게 솔직한 심정입니다.

그리고 독자 Z는 결국 책이 읽기 싫어졌습니다.

그래서 A부터 Z까지는 지금까지의 편집을 때려치우기로 했습니다. 책에 담기 위해 내용의 본질을 훼손하는 편집을 하지 않기로 했습니다. 책을 둘러싼 모든 사람이 편집을 할 수 있고, 또한 편집을 받을 수 있음을 명심하기로 했습니다. 그리고 서로를 함부로 편집하지 않는 책을 만들기로 했습니다.

편집은 때려치웠지만 책은 때려치우지 못한 사람들이 모였습니다. A부터 Z까지, 책 속에 숨은 모든 사람이 이제 편안할 시간입니다.

편집 바깥의 출판

1호를 낸 후 우리가 1호에 가졌던 불만 사항은 여러 가지가 있었다. 생각나는 주요한 두 가지를 나열해 본다. (1)분량이 과하게 많다. (2)기획과 투고의 균형을 맞추지 못했다. 1호를 출간한 직후부터 이 사안에 대해 이야기를 나눴고 이를 개선하고자 했다.

1호를 낸 후 편앓에 생긴 변화는 다음과 같다. (1)세 명의 구성원이 활동을 일시정지하거나 그만두었다. (2)한 명의 고정 구성원(편앓 카톡방 기준)이 늘었다. 또한 잡지 발행 외에도 여러 가지 일들을 벌이고 있거나 그런 계획을 세우고 있다. (1)세미나 개최 (2)단행본 출간.

2호를 준비하며 주요하게 제기된 문제는 「편앓」이 편집자의 목소리뿐 아니라 다양한 출판 관계자의 목소리를 들을 수 있는 창구가 되면 좋겠다는 것이었다. 이전의 「편앓」들이 출판계 내부의 열악한 노동 환경에 대해 편집자 입장에서 이야기했다면, 이번 호에서는 출판계에 있는 다양한 이들—편집자, 디자이너, 마케터, 작가, 서점인, 독자 등의 입장들을 담고 싶었다. 출판계 내에 편집자 이외에도 다양한 구성원이 있다는 것, 이들 사이에도 비대칭적 위계 관계가 있다는 것을 보이려 했다.

시간의 부족과 그에 따른 가능한 기획의 장벽으로 인하여 모든 이의 목소리를 이번 한 호에 다 담는 것은 어려운 일이 되었지만, 여태껏 편집자의 목소리를 내는 데에 주력했던 것의 중심추를 디자이너 쪽으로 옮겨가 그들의 이야기에 귀를 기울였다. 이 밖에도 비평가, 번역가, 작가가 그들의 업에 대한 비판적이거나 현실적인 시각을 가지고 쓴 글을 실었다.

우리는 잡지를 개선하려는 목표가 있는데, 수적으로만 따지면 구성원은 줄었고, 구성원들이 하고 싶은 일과 하게 될 일들은 더 늘어났다. 6개월이라는 발행 주기가 어떤 기준에서는 느슨해 보일 수 있지만 2호를 준비한 이들은 모두 각자의 격무에 시달리고 있었기에 일정을 진행하는 것이 녹록지는 않았다.

그럼에도, 조금 지루한 말이지만, 물성을 가진 책으로 묶여 나온 결과물은 이런 고생과 고됨과는 다른 차원의 만족감을 주며 우리의 자랑이 된다. 자기 자신의 몸을 가지는 순간 책은 책을 만든 사람과 독립적인 존재가 되는 것 같다. 시간이 지날수록 그 독립성이 더 깊어져서, 이전에 만들었던 책에 대한 불만들도 시간이 지나면 그 나름의 개성으로 보이거나 오히려 좋은 느낌으로 남는 때가 있다. 「편않」 2호 역시, 「편않」을 만든 사람에게나 「편않」을 읽어 주는 사람에게나 그런 책이 되기를 바라며 편집하고 디자인하고 제작하였음을 말한다.

올바로 질문하는 법을 묻다

많은 질문을 품고 시작한 편않이 어느새 2년을 달려왔습니다.

출판계는 아직 여전한 것 같습니다. 달마다 신간이 5천여 권씩 쏟아지지만 변함없이 불황이라네요. 독서인구도 성인 독서량도 조금씩 줄고 있습니다. 하지만 더 좋은 책, 더 좋은 출판을 만들고 싶다는 시도는 회사 사정 어렵다는 앓는 소리에 번번이 무너집니다. 그렇게 나온 책은 다시 5천 권 중 하나가 되겠죠.

이렇게는 안 된다 싶어 시작한 덕분에 참 많은 사람을 만났습니다. 독자, 저자, 편집자, 독립출판인, 디자이너, 서점인. 정말 다양한 고민과 아이디어, 갈등과 애정을 누렸습니다. 하지만 또 수없이 많은 이들이 출판을 떠났다는 사실도 잘 압니다. 저희도 떠나는 동료들을 여러 차례 배웅했기 때문입니다.

더 좋은 출판은 어떻게 해야 가능할까? 책을 쓰고 만들고 만나는 모두가 지금보다 출판을 더 사랑하려면 뭐가 필요할까? 책의 역할이 사라져 가는 듯한 오늘날, 책이 화석이나 골동품이 아니라 세상을 풍요롭게 만드는 매체로서 빛나게 하려면 출판은 어떤 변화를 감내해야 할까?

답은 여전히 손에 쥐지 못했습니다. 하지만 어떻게 물어야 할지는 배운 듯합니다. 질문은 점점 많아지지만 나아갈 길은 분명합니다.

이번 호 주제는 '비평'입니다. 비평 또는 평론이 바르게 질문하는 법을 묻는 일이라면, 이를 함께 이야기하기 좋은 시점입니다. 버려야 할 편집과 되찾아야 할 편집을 고민하며 '편집하지 않는 편집자'를 꿈꾸듯, '비평하지 않는 비평가'도 더 많이 이야기 나눠야 할 주제인지 모르겠습니다.

부디 기획도 투고도 즐거우시길 바랍니다. 책 곳곳에 녹아 있는 저희의 작은 시도들을 발견해 주시길 기대합니다.

그리고 재미있게 읽으셨다면 함께 '편앓'하고 싶습니다.

우리, 시작합시다, 변함없이

새해는 두 번 반복됩니다. 처음에는 신정으로, 다음에는 구정으로. 아니, 처음에는 양력설로, 다음에는 음력설로. 이 두 개의 시간이 하나의 달력 안에서 흐르는 것을 바라보면서, 잠시 이상한 생각에 잠겨 봅니다. 내 안에서도 '두 개의 시간'이 흐르고 있는 것은 아닐까, 무엇인가를 선택했을 때의 시간과 그렇지 않았을 때의 시간, 그 무수한 '두 개의 시간들'로 이루어진 것이 내가 아닐까 하고요. 그런 의미에서 '두 개의 시간'이란 곧 '하나의 시작'에서 비롯되고, 따라서 반복되는 것처럼 보였던 '시작'은 늘 차이를 만들어 내는 것은 아닐까 하고요.

다소 감상적인 얘기들을 늘어놓는 이유는, 올 초엔 새해마다 반복되던 풍경이 눈에 띄게 달라졌기 때문입니다. (한국)문학에 조금이나마 관심이 있는 사람이라면, 새해는 신춘문예 당선자 발표와 이상문학상 수상 작품집 발간으로도 의미를 띨 것입니다. 그러나 소설가 김금희는 이상문학상을 주관하는 문학사상사의 정책에 반기를 들었고, 다른 작가들도 이에 대해 지지 의사를 표했습니다. 이제 갓 등단한 작가들도 그 불안하고 위태한 처지에서 하나둘 목소리를 내고 있습니다. 덕분에 자음과모음 신인문학상 공모전 내용도 바뀌었습니다. 분명히 뭔가, 달라지기 시작했습니다.

요지부동이던 출판계에서도 어떤 움직임이 보이는 것 같습니다. 구인과 구직(이렇게 서로를 갈망하는데 왜 이리 만나기가 힘들까요? 힘들게 만나 놓고 만난 뒤가 더 힘든 이유는 또 무엇입니까)만 활황이던 '북에디터'(bookeditor.org)에서 한 편집자의 용기와 실천으로 연봉 조사가 이뤄졌습니다. 공공연한 비밀이었던 출판계의 저임금 '관행'은 (조사자 스스로 밝힌 설문의 한계에도 불구하고) 이제 청산되어야 할 가시적인 '적폐'가 되기 시작했습니다.

거창한 것은 아니지만, 저희도, 무언가 바뀐 것 같습니다. 일단 발행 시기가 바뀌었습니다. 기존 1월/7월에서 3월/9월로 바뀌었지요. 그리고, 제법 긴 호흡으로, '출판노동 트릴로지'를 시작합니다. 그동안 출판계를 둘러싼 주체(편집자, 디자이너, 그리고 독자)를 차례로 다루었다면, 이번엔 세 호(1년 반…)에 걸쳐 출판노동 자체에 대해 이야기해 보고자 합니다. 시간 순으로, '예비 출판-출판노동-탈(脫)출판'입니다. 이번 호는 그 서막입니다

이렇듯, 우리는 늘 새로운 시작을 맞습니다. 원하든 원치 않든요. 그러나 모든 것이 변해도 결코 변하지 않는 사실이 하나 있습니다. 시작은 결국 시작된다는 것. 이 새로운 시작점 앞에서 우리는 어떤 말을 해야 할까요. 상대방이 덕담이랍시고 내뱉은 그 말이 때로 저주처럼 들릴 때가 있습니다(지난 구정을 떠올려 보십시오). 그래도, 조금 늦긴 했지만, 새해 복 많이 받으십시오. 그리고, 우리, 시작합시다, 변함없이. 이 말이 저주가 아니길, 진심으로 바립니다.

사람은 책을 만들고, 책은 사람이 만듭니다

　출판인으로서 무엇을 해야 한다는 생각에 사로잡힌 적이 있었습니다. 어떤 책이 세상에 나와야 한다고, 어떤 사람의 어떤 목소리가 세상에 전해져야 한다고, 출판인이라면, 그것도 책의 시대가 저물고 있다는 지금의 출판인이라면, 무엇을 (무엇이 무엇인지는 모르지만) 해야 한다고.

　최저임금을 받고, 야근수당을 못 받고, 부당한 지시를 받고, 상여금은 못 받고, 함께 일하던 동료들이 각자의 이유로 하나둘, 대여섯, 퇴사를 하고 나자 의문이 생겼습니다. 내가 해야 한다고 생각한 일들 대신 회사에 나와 하루하루 버텨 가며 해야 하는, 이것은 무엇인가? 책 한 권을 만든다면서 이렇게나 많은 사람이 어처구니없는 대우를 받으며 일하고 있는데, 이것은 무엇인가? '문화의 창달'에 이바지하고, '지식을 생산하고 축적'한다는 사람들의 일은 내가 하는 일이 아닌 것 같은데, 그럼 이것은 무엇인가? 이것은 출판이 아닌가? 이것은 왜 출판이 아니란 말인가?

　그때부터 책을 덮기 전에 저작권면을 유심히 읽는 버릇이 들었습니다. 한 권의 책을 만드는 데 어떤 사람들이 어떤 역할을 했는지를 정리한, 단 한 쪽의 페이지를 가만히 읽어 봅니다. 어떤 화두를 던질지 고민했을 편집자와 내용이 가장 적확하게 전달될 수 있도록 세심하게 다루었을 디자이너와 그 책이 올바른 자리에 놓이고 닿을 수 있도록 탐색했을 마케터를 생각합니다. 그뿐인가요. 회사 바깥에서 외주노동자로 일하는 사람, 의도에 맞도록 인쇄하고 종이를 묶는 사람, 발견한 책의 매력을 다양한 방법으로 전달하려는 사람……. 저작권면에 이름이 실린 사람들과 이름이 실리지 않은 사람들을 생각합니다. 출판을 하는 사람보다, 나와 같이 출판노동을 하는 사람들을 생각합니다.

책에는 시작과 끝이 분명합니다. 마치 하나의 문을 열고 닫는 것과 같습니다. 그러나 노동은 그렇지 않습니다. 노동에는 시작을 알리는 서문도, 어떤 과정을 거칠지 귀띔해 주는 차례도, 어디쯤 왔다고 알려 주는 면주도 없습니다. 그저 끈질기고 지긋지긋하고 질리도록 계속됩니다.

「편않」 5호에서는 시작과 끝이 아닌, 우리가 계속해서 마주해야 하는 지금의 출판노동을 담고자 했습니다. 출판노동을 하며 하루하루를 쓰는 출판노동자의 목소리를 담고자 했습니다. 사람은 책을 만들고, 책은 사람이 만드니까요.

출판을 알고 싶으면, 때때로 출판을 떠나야 한다

늘 새로운 출판을 꿈꾸지만, 그 못지않게 출판을 아주 떠나는 상상을 곧잘 합니다. 급여는 적고, 상사는 꽉 막혔고, 업계는 발전할 낌새가 없는데 내 젊음이 아깝고, 이유야 찾으려면 무궁무진합니다.

하지만 출판 안에서든 밖에서든 삶은 계속됩니다. 그 단맛도 쓴맛도 계속 이어집니다. 주제나 무대 위에서 이야기를 끝내는 책과는 다릅니다. 어쩌면 그래서 책을 손에서 놓을 수 없는지도 모릅니다. 그래서 여전히 출판을 붙잡고 고민하는 것인지도 모릅니다.

출판이란 무엇일까요? 간단히 이야기하자면 '책을 만드는 일'입니다.

그런데 책은 계속 변화합니다. 책이라 하면 흔히 글이나 그림을 인쇄해 제본한 종이뭉치라고 단정 짓지만, 전자책과 오디오북이 등장해 그 경계를 흐린 지 오래입니다. 옛날이라면 책이 도맡았던 글과 그림 콘텐츠를 이제는 웹을 비롯한 다양한 플랫폼이 침범해 함께 아우르기에, 책이 독점하는 역할도 모호합니다.

책이 변하는 만큼 출판도 달라집니다. 이전에는 필름으로 '조판'을 하지 않고 컴퓨터로 '편집디자인'을 하면 전자출판이라고 불렀더랍니다. 하지만 이제 와서 컴퓨터 없이 출판을 할 일은 거의 없습니다. 그래서 오늘날 디지털출판이라고 하면 종이책이 아닌 전자책 출판이나 웹 출판입니다. 웹 출판에서는 소설 등 콘텐츠를 인터넷에 게시합니다. 오래도록 '책'이라 불렀던 무언가를 만들지 않습니다. 그렇다면 우리는 책을 다시 정의해야 할까요, 출판을 재정의해야 할까요? 이미 책과 출판의 안팎은 온통 뒤섞여 칼로 가르듯 나눌 수 없습니다.

'책'이나 '출판'같은 명칭에 파묻히면 제대로 알 수 있는 게 없습니다. 우선은 출판을 떠나 사람을 향해 시선을 돌리고 싶습니다. 출판이 무엇이든, 결국 사람이 하는 일이니까요. 출판을 하는 사람은 스스로 무엇을 하는 누구라 여길까요? 출판을 하고 싶은 사람은 무엇을 하기 원할까요? 출판을 벗어나는 사람은 무엇으로부터 떠나는 걸까요?

　　1년 반 동안, 편않은 출판노동 트릴로지를 꾸렸습니다. 4호는 '예비 출판인'을, 5호는 '출판노동'을 돌아보았습니다. 이번 6호는 탈(脫)출판, 곧 출판을 떠나는 이야기입니다. 앞선 두 권이 그러하듯, 출판 바깥으로 나아가는 이 이야기도 책이나 출판 이전에 사람 이야기입니다. 출판을 그만둔 사람, 이전과는 다른 방법으로 출판계를 살아가는 사람, 혹은 처음부터 출판계 바깥에 있던 사람. 역설적이지만 또한 당연하게, 이들 없이는 출판이라는 세계도 존재하지 않습니다.

　　떠나간 이들이 '그곳에도 삶이 있다'며 담담히 전하는 목소리는 우리를 정직하게 합니다. 세상은 출판을 중심으로 돌지 않습니다. 책 바깥에 펼쳐진 세계는 무궁무진합니다. 그 세계에서 본 출판은 어쩌면 기이하고 사소합니다. 이렇듯 우리를 바깥에서 돌아볼 때에야 비로소 출판의 미래도 그릴 수 있을 듯합니다. 언제나 외쳐 온 새로운 출판은 그 넓은 세상과 역동적으로 함께해야 하니까요.

　　이 책에는 그런 정직함, 스스로를 너무 작게도, 너무 크게도 보지 않을 수 있는 진실함을 닦으려 애썼습니다. 출판계 바깥의 목소리는 물론, 이미 떠나간 이들의 이야기를 찾는 건 예상했던 것 이상으로 힘들었습니다. 하지만 작은 열매나마 달고 알차게 맺었다고 생각합니다.

　　부디 기획도 투고도 즐거우시길 바랍니다. 책에 녹아든 저희의 고민과 시도들도 발견해 주시길 기대합니다.

　　그리고 재미있게 읽으셨다면, 함께 '편않'하고 싶습니다.